재스티스의
한 뼘 더 깊은
세계사

✦ 중동편 ✦

6,000년
중동사의 흐름이
단숨에 읽히는

쩌스티스의
한 뼘 더 깊은
세계사
─◆─ 중동편 ◆─

먹스커피
MIXCOFFEE

낯선 곳에서 찾은 인간의 얼굴,
중동을 다시 읽는 시간

여러분은 '중동'이라는 단어를 들으면 어떤 장면이 가장 먼저 떠오르시나요? 저는 하얀 토브를 걸치고 머리에 아갈을 두른 사람들, 그리고 뜨거운 햇빛 아래서 반짝이는 사막의 이미지를 먼저 떠올립니다. 어쩐지 우리와는 전혀 다른 세상 같지요.

실제로 그들의 삶의 방식은 우리와 크게 다릅니다. 무슬림의 경우 돼지고기를 먹지 않고, 하루 다섯 번 알라를 향해 기도하며, 라마단이 되면 온 나라가 금식으로 잠시 멈추죠. 이 모든 게 우리에겐 낯설게 느껴집니다. 게다가 뉴스에선 연일 '분쟁' '테러' '전쟁'이라는 단어와 함께 중동이 등장합니다. 그 결과, 우리는 자연스레 "위험한 곳" "가까이하기 어려운 세계"로 중동을 기억하게 되었지요.

하지만 역사의 렌즈로 들여다보면, 중동은 그와 정반대의 얼굴을 지닌 곳입니다. 고대 페르시아 제국의 관용 정책, 종교와 민족을 아우르던 이슬람 제국, 그리고 600년 동안 다민족을 하나로 묶었던 오스만 제국까지 중동 지역은 오히려 '다양성과 공존의 실험장'이었죠.

유럽이 종교전쟁으로 피를 흘리던 시기에도, 중동의 도시 바그다드와 코르도바에선 철학과 과학, 예술이 함께 꽃피었습니다. 그러니 지금의 불안한 모습만으로 중동을 이해하는 건 반쪽짜리 시선일지도 모릅니다.

약 100여 년 전, 오스만 제국이 무너지고 영국과 프랑스가 그 지역을 나눠 갖던 순간부터 중동은 조각나기 시작했습니다. 종교와 민족, 그리고 식민의 경계가 뒤섞이며 오늘날 우리가 보는 복잡한 대립의 씨앗이 뿌려졌죠.

하지만 저는 중동을 '위기의 땅'으로만 보고 싶지 않습니다. 그곳은 인류 문명의 출발점이자, 인간이 신과 국가, 공동체를 어떻게 만들어 왔는지를 보여주는 살아 있는 교과서이기 때문입니다. 그래서 『저스티스의 한 뼘 더 깊은 세계사: 중동 편』에선 단순히 유명한 왕조의 연대기를 따라가는 대신, 우리가 잘 몰랐던 이름들을 불러내고자 했습니다.

비잔티움 제국과 맞섰던 사산 왕조, 이슬람 문명 속의 유대인 공동체, 제국이 사라진 중동이 분열되는 이야기까지. 중동이라는 퍼즐을 이루는 작은 조각들을 하나하나 맞추다 보면, 여러분은 한 장르로서의 '중동사'가 아니라 '인간의 역사'를 만나게 될 것입니다.

이 책은 깊이를 자랑하는 학술서가 아닙니다. 대신 폭넓게 펼쳐진 시야로, 우리가 뉴스에서 보던 중동의 이미지를 넘어설 수 있도록 돕고자 했습니다. 중동사를 전공하지 않은 독자라도, 커피 한 잔 옆에 두고 부담 없이 읽을 수 있길 바랍니다. 역사는 먼 과거의 기록이 아니라, 지금 우리가 사는 세상을 이해하는 가장 가까운 길이니까요.

2025년은 제게 특히 뜻깊은 해입니다. '저스티스의 한 뼘 더 깊은 세계사' 시리즈가 두 편이나 세상에 나왔으니까요. 이 책이 나오기까지 늘 성원해 주신 독자 여러분께 먼저 감사드립니다.

그리고 언제나 제 곁에서 묵묵히 힘이 되어 주는 아내와 하루가 다르게 성장하는 딸 하윤이에게도 사랑을 전합니다. 아울러 병상에서도 여전히 삶의 용기를 가르쳐 주시는 어머니, 그 곁을 지켜주시는 아버지께도 진심으로 감사드립니다.

끝으로 이 책이 세상에 나올 수 있도록 처음부터 끝까지 한결같은 마음으로 도와주신 김형욱 편집장님과 문준영 과장님께 깊은 고마움을 전합니다.

여러분이 이 책을 덮는 순간, '중동'이라는 단어가 조금은 다르게 들리길 바랍니다. 그것이 제가 이 책을 통해 전하고 싶은, 단 하나의 바람입니다.

2025년 11월

서울 어머니 댁에서

목차

작가의 말 _ 낯선 곳에서 찾은 인간의 얼굴, 중동을 다시 읽는 시간   **4**

1부
인류 문명의 요람, 세계사의 교차로: 중동 역사

'중동'이라는 이름의 탄생   **14**

인류 최초의 도시가 탄생하다   **22**

나일강이 만든 기적의 땅   **29**

바빌론, 고대 세계의 중심이 되다   **35**

전차로 무장한 정복자들, 히타이트   **40**

폭압과 관용 사이, 아시리아의 두 얼굴   **45**

아브라함에서 모세까지, 유대인의 길   **49**

광야에서 왕국으로, 왕국에서 유수로   **55**

중동 패권을 바꾼 페르시아의 시대   **62**

문명 교차로에서 피어난 새로운 세계   **70**

자유를 향한 반란, 신앙을 지킨 사람들　　　77

로마에 맞선 유대인의 최후 저항　　　83

파르티아와 페르시아 제국의 부활　　　90

로마와 맞선 마지막 페르시아 제국　　　94

꾸란과 칼, 이슬람이 세계를 정복한 이유　　　101

최초의 분열, 칼리프 계승 권력 투쟁　　　107

우마이야 왕조의 영광과 몰락　　　114

이슬람의 황금기, 압바스 제국과 바그다드　　　122

십자군을 막아선 이슬람의 영웅　　　127

검과 돈으로 이룩한 이슬람의 새로운 수호자　　　134

이슬람 문명의 방향을 바꾼 셀주크 제국　　　142

몽골 제국과 충돌한 운명의 화레즘 제국　　　149

몽골의 그림자, 이슬람에 드리우다　　　155

사마르칸트의 별, 티무르 제국의 영광과 그림자　　　162

페르시아의 부활, 사파비 제국과 시아파의 시대　　　168

근대 이란의 서곡, 혼돈의 카자르 왕조　　　177

백색 혁명부터 블랙 프라이데이까지　　　183

술탄의 시대에서 공화국의 시대로　　　190

제국이 사라진 자리, 분열된 중동의 탄생　　　206

2부
유랑하는 민족, 세계를 바꾸다: 유대인 역사

유대인 역사의 재해석 226

유대인, 그들은 어디에서 왔는가 228

밀라노 칙령, 또 다른 불행의 시작 236

유대인, 스페인을 떠나 유럽을 부유하게 하다 240

네덜란드의 개척자가 된 유대인들 244

위기를 기회로, 30년전쟁과 유대인 248

무역의 첨병, 유대인 네트워크가 만든 세계 252

런던 금융가에 드리운 유대인의 그림자 256

인도에서 런던까지, 유대인 상인 네트워크 261

돈과 혁신, 세계를 움직인 유대인들 267

약속의 땅 이스라엘, 건국이라는 분쟁의 씨앗 272

1부

인류 문명의 요람, 세계사의 교차로
: 중동 역사

'중동'이라는 이름의 탄생

중동은 좁게 보면 지중해 동쪽에서 페르시아만까지의 서아시아 지역을 가리킵니다. 넓게는 북아프리카의 아랍 국가들을 포함하기도 합니다. 북아프리카의 많은 국가가 아랍어를 사용하기 때문이죠.

그러나 대한민국을 기준으로 볼 때, 중동은 동쪽이 아닌 서쪽에 위치합니다. 그렇다면 왜 서아시아를 '동쪽'이라고 부르는 걸까요?

'중동'이라는 용어는 현대 역사학이 정립되던 19~20세기 당시 세계에서 가장 영향력이 컸던 서구 열강들이 유럽을 기준으로 세계를 바라봤기 때문입니다.

서구 열강은 자신들 기준에서 동쪽을 세 구역으로 나눴습니다. 가까운 동쪽을 '근동', 중산에 위치한 동쪽을 '중동', 가장 먼 동쪽을 '극동'이라 불렀습니다.

이 구분에 따르면 현재의 시리아, 레바논, 이스라엘, 이집트 등은 '근동'으로, 이란과 아프가니스탄 등은 '중동'으로 분류되었습니다. 한국, 중국, 일본 등은 '극동'에 속했고요. 오늘날에는 '근동'이라는 용어는 거의 사용되지 않고, 근동과 중동을 합쳐 '중동'이라고 부르는 게 일반적입니다.

반면 필리핀, 태국, 인도네시아 등은 유럽에서 볼 때 동남쪽에 위치해 있어 '동남아시아'라고 불렀습니다. 주지했다시피 '극동'이라는 용어는 이제 잘 사용하고 있지 않는데, 대신 아시아의 동부 지역을 '동아시아'라고 부릅니다.

중동의 민족과 언어

중동의 민족 구성은 매우 다양합니다. 쿠르드인을 비롯해 아르메니아인, 베르베르인 등 기타 민족도 존재하지만 크게 볼 때 네 그룹으로 나눌 수 있습니다. 이란인, 튀르크인, 이스라엘인(유대인), 그리고 가장 큰 비중을 차지하는 아랍인입니다. 이들을 나누는 기준은 주로 언어입니다.

이란인은 인도-유럽어족에 속하며, 이란어(페르시아어)를 사용합니다. 이란은 오랜 역사와 문화를 가진 나라로, 고대 페르시아 제국의 중심지였죠. 대부분 시아파 이슬람을 믿습니다. 이란인은 아랍인이 아니라는 걸 이해해야 합니다.

튀르크인은 튀르크어족에 속하며, 튀르키예어를 사용합니다. 오스만 제국의 후예로 현재 튀르키예 지역에 주로 거주합니다. 언어와 문화적으로 중앙아시아와 연관이 깊습니다. 돌궐 제국 시기부터 카자흐 초원에서 서서히 동진해 현재에 이르렀기 때문입니다. 튀르키예는 세속적 이슬람 국가로, 수니파가 다수지만 종교적 정체성보다 민족 정체성이 더 강하게 나타나는 국가입니다.

유대인은 셈어족에 속하고 히브리어를 사용하며 유대교를 믿습니다. 그런데 지금 이스라엘에 있는 유대인들은 19~20세기를 지나며 유럽의 학살을 피해 내려온 사람들이 많은 수를 차지하죠. 유대인들이 자신들의 고향으로 여기는 예루살렘으로 돌아가는 행위를 '알리야'라고 합니다.

그런데 혈통적으로 볼 때, 고대 유대인들이 오늘날의 아랍인에 더 가까울지 아니면 오늘날의 유대인에 더 가까울지는 논란의 여지가 있습니다. 알리야 발생 후 새롭게 도착한 유대인들은 주로 유럽(또는 북아프리카)으로부터 이주한 전혀 다른 외부인이기 때문입니다.

그들은 겉으로는 유대인이라고 하지만 이미 수백 년 동안 유럽 사람들과 섞여 유럽식 교육을 받으며 살아왔기에 사실상 유럽인입니다. 이 부분은 학문적 논란이 진행 중입니다.

마지막으로 아랍인은 아랍어를 사용하면서 이슬람을 국교로 하는 사람들을 말합니다. 대한민국 외교부 홈페이지를 기준으로 아랍연맹이 22개국에 이를 정도로 중동의 대다수를 차지하죠.

이란과 튀르키예는 이슬람을 믿지만 아랍어를 사용하지 않기 때문에 아랍 국가가 아니며, 이스라엘은 유대교를 믿고 히브리어를 사용하기 때문에 아랍 국가가 아닙니다. 따라서 아랍연맹에 나머지 3개국을 더해 총 25개국을 중동에 속한 국가로 볼 수 있습니다.

하지만 이 숫자 역시 절대적인 건 아니며, 중동은 어떻게 구분하느냐에 따라 언제든지 국가 수가 달라질 수 있다는 점 다시 한번 짚고 넘어가도록 하겠습니다.

대한민국 외교부 홈페이지를 기준으로 나머지 22개 아랍연맹 국가는 다음과 같습니다.

아라비아반도 : 사우디아라비아, 쿠웨이트, 바레인, 카타르, UAE, 오만, 예멘 등 7개국

레반트 지역 : 이집트, 팔레스타인, 요르단, 레바논, 시리아, 이라크 등 6개국

북아프리카 : 모리타니, 모로코, 알제리, 튀니지, 리비아, 수단, 소말리아, 지부티, 코모로 등 9개국

중동의 종교

중동에는 이슬람, 기독교, 유대교와 같은 세계 주요 종교들이 공존하고 있습니다. 그중에서 이스라엘을 제외한 중동 대부분의 국가는 이슬람을 주요 종교로 신봉합니다.

이슬람은 유대교와 기독교의 영향을 받아 7세기 사우디아라비아의 메카에서 아랍인의 종교로 탄생했습니다. 시간이 지나면서 이란인과 튀르크인에게도 확산되었죠.

이슬람은 크게 수니파와 시아파로 나뉩니다. 둘의 차이는 주로 무함마드의 후계자 문제에서 발생했고요.

수니파는 전체 무슬림의 약 85~90%를 차지하며 이슬람 세계의 다수파를 형성합니다. 공동체가 선택한 지도자(칼리프)를

18

인정하며 사우디아라비아, 이집트, 튀르키예, 시리아의 수니파가 대표적입니다.

시아파는 무슬림의 약 10~15%를 차지하고 있으며 이란과 이라크, 레바논, 바레인 등의 지역에서 다수파이거나 중요한 소수파로 존재합니다. 무함마드의 혈통을 이은 후손인 알리와 그의 후손만을 정당한 지도자로 인정하죠. 특히 이란은 세계에서 가장 큰 시아파 국가로, 이슬람 내부의 교파 분열이 중동 지역 내 갈등과 정치적 분쟁의 중요한 배경 중 하나입니다.

현재의 중동

현재 중동에는 20개 이상의 국가가 존재합니다. 그런데 이 국가들 대부분이 20세기 초 제1차 세계대전이 발생하기 전까지, 600여 년에 걸쳐 오스만 제국이라는 하나의 국가로 통합되어 있었습니다.

오스만 제국은 1299년에 건국되어 1922년에 멸망할 때까지 약 620년 동안 중동 전역을 지배했던 대제국입니다. 강력한 군사력과 행정력을 바탕으로 유럽과 중동의 광대한 지역을 지배했죠. 그동안 유럽을 여러 차례 공격하며 유럽인들에게 위협적인 존재로 자리 잡았습니다.

오늘날은 미국을 포함해 서양이 세계의 패권을 쥐고 있지만, 서양이 확실히 패권을 장악한 시점은 나폴레옹 보나파르트가 이집트를 정복한 18세기 말부터입니다.

17세기를 패권 교체의 과도기라고 본다면, 16세기까진 유럽이 오스만 제국으로부터 끊임없는 위협과 공격을 받았습니다. 그러나 19세기에 접어들면서 유럽은 중동에 대한 우위를 확보했고, 오스만 제국이 유럽에 가했던 압박을 반대로 되갚기 시작했습니다.

그런 상황 속에서 1914년에 제1차 세계대전이 발발했습니다. 오스만 제국은 독일 편에 서서 전쟁을 벌였지만 패전국이 되었죠. 전쟁 후 연합국은 전범 국가 처리 문제를 논의하며 오스만 제국을 여러 국가로 분할하기로 결정했습니다. 중동이라는 넓은 지역이 하나의 제국으로 통일되어 있으면 유럽에 큰 위협이 될 수 있기 때문이었습니다.

영국과 프랑스 등 연합국은 지역을 분할하고 국경을 그어, 각 지역이 서로를 경계함으로써 유럽에 대한 경계심을 약화시키려 했습니다. '디바이드 앤 룰(분할해 통치하라)'이라는 오래된 통치 전략의 일환입니다.

이러한 역사적 맥락은 교과서에는 잘 드러나지 않는 편이지만, 실제 역사에서 매우 중요한 부분입니다. 제대로 알아야 우리가 어떻게 오늘날의 상황에 이르렀는지 제대로 이해할 수 있을 것입니다.

중동의 역사는 유럽과의 긴밀한 관계에서 발전해 왔습니다. 따라서 유럽 역사를 온전히 이해하기 위해선 중동의 역사, 특히 유대인과 아랍인 사이의 복잡한 역사적 맥락을 함께 공부해야 합니다. 마찬가지로 중동 역사를 제대로 이해하려면 유럽의 영향과 상호작용도 알아야 합니다.

중동 역사가 어렵게 느껴지는 이유 중 하나는 유럽인과 아랍인의 관계가 충분히 설명되지 않기 때문입니다. 게다가 중동 역사의 중요한 축인 유대인 역사도 충분히 설명되지 않기 때문이죠. 이런 배경을 바탕으로 중동 역사를 살펴보겠습니다.

인류 최초의
도시가 탄생하다

일반적으로 알려져 있는 인류 최초의 도시 문명은 기원전 3500 년경부터 시작된 '메소포타미아 문명'입니다.

　메소포타미아 문명은 현재 이라크의 티그리스강과 유프라테스강 사이에 있는 평야에서 시작된 여러 도시국가(문명)들을 총칭합니다. 가장 남쪽에 있는 수메르 문명을 비롯해 아카드, 바빌로니아, 아시리아 등이 제국을 건설하고 메소포타미아를 지배해 왔습니다. 따라서 수메르 문명은 메소포타미아 문명의 뿌리가 되어준 선행 문명으로, 메소포타미아 문명에 포함된다고 보면 되겠습니다.

메소포타미아-수메르 지역

수메르 문명은 메소포타미아 지역 중에서도 오늘날 이라크 남부에 위치한 지역에서 비옥한 평야와 강수 덕분에 농업에 기반해 발전한 도시국가들을 말합니다.

그렇게 형성된 수메르 문명(국가)이 발전하면서 수많은 중요 도시들이 형성되었고 훗날 아카드, 바빌로니아, 아시리아 등 메소포타미아 문명의 기초가 되는 것이죠.

수메르 문명은 메소포타미아 남부 오우에일리에서 거주했던 사람들로부터 시작되었습니다. 그들은 기원전 6500년경 보리와 밀을 재배하며 정착 생활을 시작했습니다. 그 지역은 비옥한 토지와 물 공급이 풍부한 환경 덕분에 농업에 유리한 조건을 갖추고 있었고요. 시간이 흐르면서 오우에일리 근처에 에리두, 우루크, 라가시, 우르 같은 중요한 도시들이 형성되었죠.

그러자 수메르 지역의 발전을 소문으로 접한 타지인들이 수메르로 유입되면서 인구가 급격히 증가했습니다. 인구의 증가로 경작지가 부족해지자, 수메르인들은 생산성을 높이고자 새로운 농업 기술을 개발했습니다.

대표적인 예로 쟁기가 있습니다. 이 도구는 농지를 더 깊이 갈아엎어 농작물을 재배할 수 있게 하여 농업 생산성을 크게 향상시켰습니다.

또 다른 중요한 혁신은 바퀴의 발명입니다. 바퀴는 수메르인들이 증가한 수확물을 운반하고 교역을 촉진하는 데 중요한 역할을 했습니다.

또한 수메르 지역은 나무와 돌이 부족해 건축 및 선박 제조에 필요한 자원을 확보하기 어려웠기 때문에 외부와의 교역이 필수적이었죠.

하여 수메르인들은 주변 지역과 활발히 교역을 진행했고, 구리와 주석을 들여와 청동을 만드는 기술을 발전시켜 청동기 시대를 열었습니다.

무기, 도구, 장신구 등에서 청동을 사용하기 시작하면서 군사력과 경제력 면에서 중요한 변화가 시작되었습니다.

기원전 3500년경, 수메르인들은 점토판에 상형문자를 새기기 시작했습니다. 이 문자는 상형문자에서 시작해 표음문자로 발전했으며 이를 통해 여러 가지 행정 기록, 경제 거래, 법률 문서 등을 작성할 수 있었죠.

특히 인장을 활용해 각종 계약서와 장부를 작성하는 체계적인 관리 행정 시스템이 발전했습니다. 그러한 문서들은 고대

기원전 26세기경 수메르인의 쐐기문자

세계에서 경제와 행정을 체계적으로 운영하기 위한 중요한 수단이었습니다.

수메르 문명은 이런 식으로 도시국가 형태의 사회를 더욱 발전시켰으며, 각 도시국가는 독립된 행정과 정치 체계를 갖췄습니다. 따라서 이후 벌어지는 수메르 문명의 역사는 여러 도시가 서로 패권을 차지하고자 벌인 끊임없는 전쟁과 갈등의 역사로 이해할 수 있겠습니다.

수메르 문명은 대부분 '최초'라는 수식어가 붙기 때문에 도시 자체를 기억해 두는 게 좋습니다. 다음은 수메르 대표 도시들에 대한 간략한 소개입니다.

오우에일리 : 수메르 문명의 시발점으로, 초기 수메르인들이 정착했던 장소입니다. 고대 수메르 종교의 중심지로, 엔키 신의 신전이 있는 곳으로 유명합니다.

에리두 : 고대 메소포타미아에서 '최초의 도시'로 여겨지며, 수메르 신화에서 인류 문명이 시작된 곳으로 전해집니다.

우루크 : 수메르 문명에서 가장 큰 도시 중 하나로, 최초의 문자가 탄생한 곳입니다. 그 유명한 『길가메시 서사시』의 배경이 되는 도시로도 잘 알려져 있습니다.

우르 : 아브라함이 태어난 도시로 고대 수메르의 정치, 경제,

종교 중심지였습니다. 중요한 지리적 위치 덕분에 고대 수메르의 중요한 무역 중심지로 성장했습니다.

라가시, 움마 : 오래된 라이벌 도시로 경작지와 자원을 두고 여러 차례 전쟁을 벌였습니다. 이들 간의 패권 쟁탈전은 수메르 문명의 상황을 잘 보여줍니다.

키시 : 아카드 제국의 출발지로 중요한 군사적·정치적 중심지였습니다. 아카드와 수메르의 문화적 융합과 갈등이 일어난 중심지 중 하나이기도 합니다.

한편 시간이 흐름에 따라 수메르 문명은 메소포타미아 지역 전체로 퍼져 나갔습니다. 그 결과 후대에 형성된 아카드 왕국을 비롯해 바빌로니아, 아시리아 등이 모두 메소포타미아 문명에 포함되죠.

메소포타미아 문명의 국가들은 메소포타미아 지역뿐만 아니라 이집트 문명, 인더스 문명 등 주변 문명과도 교역으로 많은 영향을 주고받았습니다. 당시의 교역은 단순한 물물교환에 그치지 않고 문화적, 기술적 교류로 이어졌습니다.

그렇게 메소포타미아의 청동기 제조 기술, 건축 기술, 천문학 지식 등이 널리 퍼졌고, 메소포타미아 문명은 주변 문명들로부터 새로운 아이디어와 기술을 받아들일 수 있었습니다.

이러한 교역과 문화적 융합 덕분에 메소포타미아 문명은 더이상 고립된 지역 문명이 아닌 타 문명과의 상호작용으로 성장한 세계 최초의 도시 문명으로 자리매김할 수 있었습니다.

현재 1만 2천여 년 전에 등장한 신전도시 유적 '괴베클리 테페' 또는 1만여 년 전에 등장한 선사유적지 '차탈회위크' 등 아나톨리아반도에서 메소포타미아 문명 이전 발생한 문명에 대해 활발한 연구가 진행되고 있습니다.

하여 연구 결과에 따라 메소포타미아 문명은 '세계 최초'라는 타이틀을 타 문명에게 넘겨줄 수도 있겠습니다.

나일강이 만든
기적의 땅

메소포타미아 문명과 쌍벽을 이루는 중동의 또 다른 문명은 이집트 문명입니다. 나일강 유역을 중심으로 발달했습니다.

이집트 문명이 크게 발달할 수 있었던 중요한 이유는 에티오피아고원(청나일강)과 빅토리아호(백나일강)에서 시작되어 지중해로 흘러 들어가는 나일강을 중심으로 한 비옥한 곡창 지대에 있습니다.

나일강의 주기적 범람은 메소포타미아의 강들처럼 풍부한 영양분을 포함한 토사를 남겨 농업에 적합한 환경을 제공했습니다. 덕분에 이집트인은 강 주변에 밀이나 보리와 같은 작물을 재배할 수 있었고 식량 생산력이 크게 증가했죠. 나아가 나일강은 단순히 농업만이 아니라 어업과 교통, 교역의 중심지로 이집트 경제와 사회에 지대한 영향을 미쳤습니다.

나일강의 범람으로부터 농업이 시작되었다는 점은 메소포타미아 문명과 비슷하지만, 두 문명은 자연적 환경과 지형적 조건에서 큰 차이가 있었습니다.

메소포타미아는 수시로 변하는 강의 흐름과 돌발적 홍수에 노출되었지만, 이집트는 나일강의 예측 가능한 범람 덕분에 더 안정적이고 체계적인 농업 사회를 발전시킬 수 있었습니다.

또한 메소포타미아 문명과는 달리 이집트 문명은 사막과 바다에 둘러싸인 비교적 폐쇄적인 지형을 갖고 있었습니다. 외부의 접근을 막아주는 천연 방어막 역할을 했죠. 이집트 문명이 수천 년 동안 안정적으로 유지될 수 있었던 중요한 이유 중 하나입니다.

한편 이집트 문명은 신화와 종교적 믿음에 깊이 뿌리박고 있었는데, 사회 구조와 정치 체계에 큰 영향을 미쳤습니다. 이집트인은 태양신 라가 고대 이집트의 주신으로 우주와 세상을 창조한 신이며, 매일 아침 태양이 떠오르는 건 라의 힘과 존재를 나타내는 거라고 생각했습니다. 라는 신들의 왕으로서 다른 많은 신과 함께 이집트인의 일상에 깊숙이 자리 잡았습니다.

사자의 서는 망자의 내세 여정을 안내하는 지침서였다

이집트 신화에 따르면 라의 아들이 바로 이집트의 왕, 즉 파라오였습니다. 신의 아들이므로 파라오는 신성한 존재로 여겨졌으며 지상의 신으로서 통치자이자 보호자로 역할을 수행했습니다. 아울러 파라오는 국가의 모든 행정과 종교적 의식을 주관하며 법률의 제정과 집행, 전쟁의 지휘와 외교 관계를 관리하는 절대 권력자였습니다.

파라오의 신성한 지위는 파라오에게 정치적·종교적 정당성을 부여했는데, 이집트 문명이 오랜 세월 동안 중앙집권적이고 안정적인 정치 체계를 유지할 수 있었던 중요한 이유 중 하나입니다.

고대 이집트 문명은 대략 기원전 3200년경부터 기원전 332년까지 약 3천 년에 걸쳐 존재했습니다. 그 기간 수많은 왕조가 교체되었는데 통틀어 '고대 이집트'라고 부릅니다. 일반적으로 세 주요 시기로 나눕니다.

고왕국 시대(기원전 2686~2181년): 이집트 문명 초기 발전기이며, 피라미드 건설이 활발하게 이뤄진 시기입니다. 가장 유명한 피라미드인 '기자의 대피라미드'가 건설되었습니다. 피라미드는 파라오의 무덤으로 여겨지며, 사후에도 신으로서의 삶을 이어가기 위한 구조물로 지어졌습니다.

중왕국 시대(기원전 2055~1650년): 이집트의 문화적·경제적·정치적 중흥기로, 예술과 문학이 크게 발전한 시기입니다. 또한 나일강 유역의 관개 시스템이 더 정교해졌고 군사력과 행정력이 강화되었습니다. 주변국과의 교역과 외교 활동이 활발해진 시기이기도 합니다.

신왕국 시대(기원전 1550~1077년): 힉소스 침입 이후 이집트가 다시 통일과 회복을 이루며, 정복과 확장으로 절정기를 맞이해 람세스 2세와 같은 강력한 파라오들이 다스리던 시기입니다. 이집트는 이 시기에 주변 많은 국가와 군사적·정치적 경쟁을 벌였으며 이집트의 문화적 영향력도 널리 퍼졌습니다. 또한 나일강의 범람이 더욱 정밀하게 관리되기 시작했습니다.

이 외에도 후기 왕국 시대와 프톨레마이오스 시대 등이 존재했으며, 각각의 시기마다 이집트 문명은 다양한 변화와 도전을 겪었습니다.

하지만 기원전 332년, 알렉산드로스 대왕이 이집트를 정복하면서 이집트 문명은 그리스 문화와 결합했고 이후 로마 제국이 통치하면서 큰 변화를 맞이했습니다.

이집트 문명은 예술, 건축, 과학, 의학 등 다양한 분야에서 놀라운 발전을 이뤘습니다. 이집트의 미라 제작 기술과 장례 의식은 매우 정교하고 또 체계적이었죠. 이집트인의 종교적 신념과 사후 세계에 대한 믿음의 표현이었습니다.

이집트 문명은 천문학과 수학, 의학 분야에서도 발전을 이뤘습니다. 이집트인들은 나일강의 범람을 예측하고자 별과 천체의 움직임을 연구했습니다. 1년을 365일로 나눈 태양력을 사용했으며, 오늘날 우리가 사용하는 달력의 기초가 되었죠.

이집트 의학은 상처 치료, 수술, 약초를 사용한 치료 등 다양한 분야에서 발전했고, 현대 의학의 기초가 되는 많은 지식을 제공했습니다.

이집트 문명은 메소포타미아 문명과 함께 인류 문명의 중요한 뿌리를 형성했습니다. 이집트 문명의 역사를 이해함으로써 고대 세계가 어떻게 형성되고 발전했는지에 대해 깊고 중요한 배움을 얻을 수 있을 것입니다.

바빌론,
고대 세계의 중심이 되다

메소포타미아 최초의 통일 국가는 기원전 2350년경에 등장한 '아카드 왕국'입니다. 아카드 왕국은 수메르 도시국가들을 통일한 제국으로 사르곤 대제가 건국했습니다. 사르곤 대제는 중앙집권적 행정 체계를 확립하고 대규모 군대를 조직해 주변 지역으로의 정복 활동을 활발히 전개했죠.

아카드 왕국이 존재하던 시기부터 메소포타미아 지역은 북쪽을 '아카드'로, 남쪽을 '수메르'로 구분해 불렀습니다. 아카드 왕국의 통일 이후, 메소포타미아 지역에서 정치적·문화적 통합이 이뤄지며 후대 문명들에 큰 영향을 미쳤습니다.

아울러 메소포타미아 지역에서 점차 수메르어가 쇠퇴하고 아카드어가 행정과 기록의 언어로 사용되어 언어적 통합도 진행되었습니다.

아카드 왕국은 기원전 22세기 후반 자그로스산맥의 산악 민족인 구티인의 침입과 내부 혼란으로 급격히 쇠퇴했고 붕괴하고 말았습니다. 아카드 왕국의 멸망 이후 메소포타미아 지역은 다시 여러 군소국가가 경쟁하는 혼란기로 접어들었고요.

혼란기 속에서 기원전 19세기 말경, '고바빌로니아 왕국'이 건국되었죠. 바빌로니아 왕국은 남부 메소포타미아의 소도시였던 바빌론을 중심으로 세워졌습니다.

초기에는 큰 영향력을 행사하지 못하는 도시국가에 불과했지만, 기원전 18세기에 이르러 제6대 왕 함무라비의 통치 아래 큰 변화를 맞이했습니다.

함무라비는 뛰어난 군사적·외교적 전략으로 주변 도시국가들을 차례로 정복하고 바빌로니아를 메소포타미아의 중심지로 성장시켰습니다.

함무라비는 정복한 지역들을 하나의 통일된 법 체계로 묶고자 함무라비 법전을 제정했는데요. 함무라비 법전은 고대 메소포타미아의 생활을 규율하는 민법, 형법, 상법, 가족법 등을 포괄한 법전입니다. 오늘날까지도 잘 알려져 있는 '눈에는 눈,

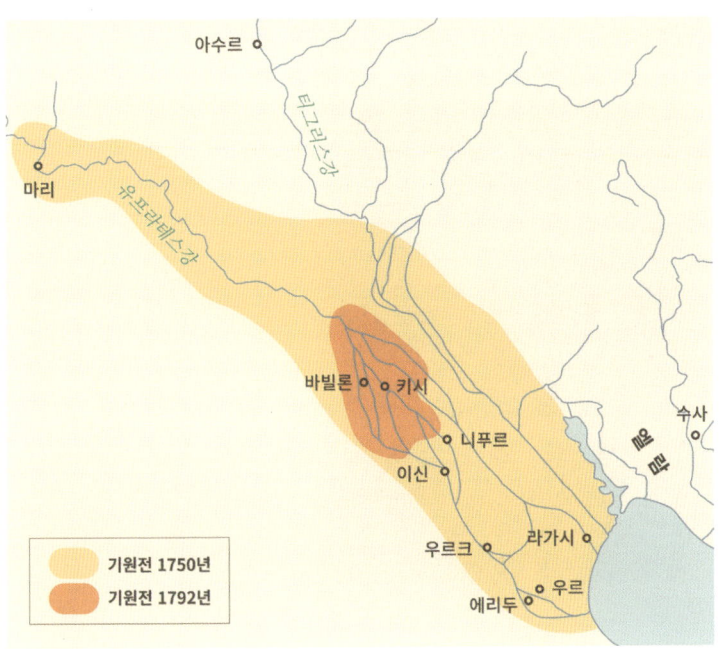

고대 바빌로니아

이에는 이'가 바로 함무라비 법전의 일부 조항에 나타나는 보복 원칙이죠.

이 법전은 사회 계급, 성별, 신분에 따라 형벌이 달라지는 특징을 가졌는데, 당시 메소포타미아 사회의 복잡한 구조를 반영한 것입니다. 예를 들어 동일한 범죄를 저질렀더라도 귀족, 평민, 노예에게 각각 다른 형벌이 적용되었고, 여성에게 적용되는 법규는 남성과 차이가 있었습니다.

함무라비 석비 사본

　함무라비의 정복 활동과 법전 제정은 바빌로니아의 행정
체계와 사회적 통합을 강화하는 데 크게 기여했습니다. 함무라
비의 통치 기간 바빌로니아는 경제적 번영을 누렸고 농업과 상
업, 건축도 크게 발달했죠.

　함무라비가 죽은 후에도 고바빌로니아 왕국은 여전히 강력
한 국가로 남아 있었으나, 후계자들의 통치력 약화와 외부 세력
의 침입으로 쇠퇴하기 시작했습니다.

그렇게 고바빌로니아 왕국 시대는 기원전 1595년경 히타이트의 침공으로 멸망할 때까지 약 300년간 지속되었습니다.

히타이트는 오늘날 튀르키예 지역에 위치했던 강력한 제국으로, 왕 무르실리 1세가 기원전 1595년에 바빌론을 급습해 약탈하고 고바빌로니아 왕국의 지배 체제를 붕괴시켰습니다. 그렇게 바빌로니아 왕국의 고대 시기는 끝나고 말았죠.

이후 메소포타미아는 여러 소규모 왕국들 간의 분열과 경쟁의 시대로 접어들었고, 주변 강대국이 정복하면 소국은 그 영향권 아래에 들어가는 식이었습니다.

이런 혼란에도 불구하고 함무라비 법전은 페르시아 지역의 법률은 물론 헬레니즘 시대의 법 체계, 나아가 이후 로마법에도 영향을 미쳤다고 평가될 정도로 중동의 법률과 정치 발전에 지속적으로 영향을 줬습니다.

바빌로니아는 법치주의의 초석을 다지고 고대 근동 지역의 법률 발전에 지대한 영향을 미친 국가라 평가할 수 있습니다.

전차로 무장한 정복자들, 히타이트

히타이트인은 기원전 2천 년 이전에 아나톨리아반도로 이주해 온 인도-유럽계 민족입니다. 그들은 오늘날의 튀르키예에 해당하는 지역에 자리 잡은 후 수백 년에 걸쳐 아나톨리아반도의 다양한 소국가와 도시국가들을 정복하며 세력을 넓혔죠. 전차를 사용한 기동 전술과 조직적 전투 기술로 군사적 우위를 점할 수 있었고요. '히타이트 제국'의 역사는 크게 세 가지 시대로 나눌 수 있습니다.

먼저 고왕조 시대입니다. 기원전 1650년경, 히타이트의 통치자 하투실리 1세가 본격적으로 히타이트 왕국 시대를 열었습니다. 그는 하투사(현 튀르키예 초룸주)를 수도로 정하고, 아나톨리아반도 내의 다양한 소국가들을 정복하며 왕국의 기초를 다졌습니다.

하투실리 1세의 계승자 무르실리 1세는 기원전 1595년경고 고바빌로니아 왕국을 침공해 수도 바빌론을 함락시켰죠. 히타이트 왕국의 첫 번째 전성기를 여는 결정적 사건이었습니다.

하지만 바빌로니아 원정 이후 내분과 귀국 중 암살로 히타이트는 일시적 혼란에 빠집니다. 그의 사망 이후 히타이트는 중왕조 시대로 넘어가며 불안정한 시기를 겪게 됩니다.

다음은 중왕조 시대입니다. 정치적 혼란과 내전으로 비교적 짧게 지속되었습니다. 자연스럽게 히타이트의 세력이 약화되었고요. 특히 왕위 계승 과정에서의 복잡한 음모와 암살 사건들이 자주 발생했으며, 왕국의 권위는 크게 흔들렸습니다.

중앙 권력의 약화와 더불어 주변 세력의 침략 위협이 증가했습니다. 그럼에도 불구하고 히타이트는 계속해서 존속하며 체제를 재정비해 나갔습니다.

마지막은 신왕조 시대입니다. 그 시기 히타이트는 최전성기를 맞이했습니다. 남쪽의 이집트까지 진군하며 오리엔트 전역에 걸쳐 강력한 제국으로 자리매김했습니다. 당시 이집트 역시 파라오 람세스 2세의 통치 아래 북쪽으로 세력을 확장하고

이집트와 히타이트의 카데시 전투

있었죠. 두 강대국은 기원전 1274년경 현재의 시리아 홈스주 근처에서 충돌했는데 이를 '카데시 전투'라고 합니다.

카데시 전투는 역사상 최초로 기록된 대규모 전차전이자 고대 오리엔트 문명과 이집트 문명이라는 대규모 문명 간 전투였습니다. 전투 당시 이집트군의 사령관은 람세스 2세였고, 히타이트군의 지휘관은 무와탈리 2세였습니다.

전투 후 람세스 2세는 이집트로 돌아와 여러 벽화와 기록으로 자신의 승리를 대대적으로 선전했습니다. 그러나 히타이트의 기록과 전투 이후의 결과를 보면, 전투는 어느 쪽의 확정적 승리로 끝나지 않았다고 볼 수 있습니다.

히타이트가 이집트의 레반트 지역에 대한 지배력을 확실히 무너뜨리지 못했지만, 이집트 역시 히타이트의 강력한 방어선을 돌파하지 못했죠. 전투가 끝난 후에도 양국은 수년간 크고 작은 충돌을 이어갔으나, 어느 한쪽도 결정적 승리를 거두지 못했습니다.

결국 기원전 1259년, 이집트와 히타이트는 평화 조약을 체결했습니다. 현재까지 알려진 인류 최초의 평화 조약이자 문서 형태로 남아 있는 가장 오래된 조약입니다. 두 나라는 상대방의 영토를 침략하지 않겠다고 약속했죠. 조약의 복제본이 현대까지 전해지고 있습니다.

카데시 전투 이후 히타이트 제국은 여전히 강력한 국가로 남아 있었으나, 기원전 1180년경 갑작스럽게 역사에서 사라졌습니다. 히타이트 제국의 멸망에 대한 구체적 원인은 완전히 밝혀지지 않았지만, 몇 가지 가설이 제기되고 있습니다.

내부적 요인으로는 히타이트 제국이 왕위 계승 문제로 끊임없는 내분과 정치적 불안정에 시달렸다는 설입니다. 왕족들 간의 권력 다툼과 반란은 중앙 권력을 약화시켰고, 제국의 결속력을 약화시키는 주요 원인 중 하나로 작용했습니다. 나아가 지방 세력의 독립성을 강화시켰고, 결국 중앙집권적 통치가 무너지는 결과를 가져왔다는 것입니다.

외부적 요인으로는 바다 민족과 같은 외부 세력의 침략이 중요한 역할을 했다는 주장입니다. 바다 민족은 기원전 12세기경부터 동부 지중해 지역을 침략하며 여러 문명을 혼란에 빠뜨렸습니다. 서쪽의 프리기아와 같은 새로운 세력의 부상 역시 히타이트 제국의 멸망에 기여한 요인으로 여겨집니다. 이들 외부 세력의 지속적 압박은 이미 내부적으로 불안정했던 히타이트를 약화시키기에 충분했을 거라 추정합니다.

폭압과 관용 사이, 아시리아의 두 얼굴

레반트 지역은 기원전 2000년대 초반부터 페니키아인, 히브리인(고대 이스라엘) 등 여러 민족이 패권을 두고 경쟁한 지역입니다. 그들은 무역로와 자원을 차지하고자 끊임없이 충돌했고, 그 과정에서 다양한 동맹과 전쟁이 발생했습니다.

이러한 상황에서 기원전 10세기경에 '신아시리아 제국'이 등장하며 지역의 판도를 바꿨습니다. 신아시리아 제국은 분열을 종식하고 강력한 중앙집권 국가로 자리 잡았습니다.

아시리아는 지배 영역의 차이는 있지만 약 18세기 동안이나 존재했던 정치 체제로, 역사를 네 시기로 구분합니다.

초기 아시리아(기원전 2500~2025년)는 도시 중심의 소규모 정착지에서 시작되었습니다. 수메르와 아카드 제국의 영향을 받아 상업과 무역 활동으로 성장했습니다.

구아시리아(기원전 2025~1378년) 시기에는 중앙집권적 권력이 형성되기 시작했습니다. 강력한 군사력을 바탕으로 주변 지역을 정복하고 영토를 확장해 나갔습니다. 하지만 강력한 경쟁자들 때문에 일시적으로 쇠퇴하기도 했습니다.

중아시리아(기원전 1392~934년) 시기는 아시리아의 군사적·정치적 전성기 중 하나였습니다. 강력한 왕들의 통치 아래서 주변 민족들을 압도하는 강대국으로 자리 잡았습니다. 그러나 내부적 혼란과 외부의 위협으로 쇠퇴하고 말죠.

신아시리아(기원전 911~609년) 시기는 아시리아의 마지막 전성기이자 가장 강력했던 시기였습니다. 메소포타미아뿐만 아니라 레반트, 이집트, 아나톨리아에 이르는 광대한 영토를 지배했습니다. 특히 아슈르나시르팔 2세 시기에 대규모 정복 전쟁으로 제국의 영토를 극적으로 확장했죠. 그는 지중해 연안에서 현재의 이란 서부에 이르는 넓은 지역을 통합했습니다.

아시리아 제국은 왕위 계승과 관련한 갈등, 피정복지에 부과된 과도한 세금, 지역의 전통과 관습을 무시하는 폭압적 정책 등으로 멸망한 것으로 알려져 있습니다.

아시리아 제국

최근 학자들은 이러한 주장을 재검토하고 있습니다. 아시리아가 특정 지역에선 비교적 관대한 정책을 펼쳤다는 기록도 존재하기 때문입니다.

예컨대 시리아나 팔레스타인 지역에선 현지 왕들을 명목상 유지하며 간접 통치를 실시한 사례도 있었으며, 종교에 대한 관용 정책도 부분적으로 시행되었습니다.

기원전 612년 메디아와 신바빌로니아 연합군이 니네베(현 이라크 모술)를 함락한 이후, 기원전 609년 마지막 수도 역할을 하던 하란(현 튀르키예 샨리우르파)마저 함락되면서 아시리아는 역사에서 사라졌습니다.

이후 아시리아의 영토는 메디아, 신바빌로니아, 이집트, 리디아 등 네 강대국으로 분할되었고, 이들 사이에서 새로운 패권 경쟁이 전개됩니다.

후속 제국들은 아시리아 제국의 군사, 행정, 문화 유산을 계승하면서 새로운 고대 세계 질서를 형성해 나갔습니다.

아브라함에서 모세까지, 유대인의 길

중동 역사에서 유대인과 아랍인은 모두 셈어계 언어를 사용해 문화적으로 유사한 배경을 갖고 있습니다. 그러나 우리나라에선 중동사를 다룰 때 유대인을 제외하는 경우가 종종 있죠. 저는 중동 역사의 중요한 축인 유대인을 아랍인, 이란인, 튀르크인과 동일한 비중으로 다뤄야 한다고 생각합니다.

이 책에선 '구약성경(타나크)'으로 고대 중동 역사를 설명하고자 합니다. 물론 구약성경으로 중동사를 해석하는 것에 대해 여러 비판이 있을 수 있습니다.

그중 하나는 신화적 요소가 상당 부분 포함되어 있기 때문입니다. 특히 최근은 『길가메시 서사시』『수메르 왕명록』 같은 고대 문헌들이 발굴되면서 중동 역사가 새롭게 서술되고 있기도 합니다.

그러나 고대 그리스-로마 신화를 공부하면 고대 서양사에 대한 이해가 깊어지듯, 구약성경을 공부하면 중동사에 대한 이해가 풍부해질 수 있습니다. 구약성경은 고대 중동 사람들이 세상을 어떻게 이해하고 바라봤는지 알 수 있는 귀중한 자료이기 때문입니다.

전통에 따라 고대 유대인들은 히브리력에 기초해 아담이 기원전 3761년에 창조했다고 믿었습니다. 메소포타미아 문명이

말메스베리 성경

발전하는 시기와 맞물리며, 유대인의 역사도 이때부터 시작됩니다.

성경에 따르면, 아담으로부터 약 열 세대가 지나자 세상은 타락했습니다. 하나님은 노아와 그의 가족을 선택해 대홍수로 세상을 정화시켰죠. 그러나 다시 시간이 흘러, 노아의 후손들이 세운 세상 역시 타락합니다.

하나님은 이번에는 기원전 2천 년경 아브라함을 선택해 그에게 타락한 메소포타미아를 떠나 새로운 땅으로 가라고 명령했습니다. 메소포타미아 문명이 발달하면서 다신교와 우상 숭배가 번성했기 때문에, 이를 청산하고 새로운 신앙을 시작할 필요가 있었죠.

아브라함이 도착한 곳은 오늘날의 팔레스타인 지역에 해당하는 가나안이었습니다. 그곳에서 유일신을 믿는 유대인의 역사가 시작되었습니다. 당시 대부분의 민족은 다신교를 믿고 우상 숭배에 빠져 있었지만, 유대인들은 자신들이 하나님으로부터 선택받은 민족이라 믿었습니다.

가나안의 원주민들은 유대인을 '강을 건너온 사람들'이라는 뜻으로 '히브리 사람'이라고 불렀다고 전해집니다. 다만 학계에는 단순히 유목민 또는 비정착민, 떠돌이 등 다른 견해도 존재합니다.

아브라함은 이후 유목민이 되어 양 떼를 치며 떠돌이 생활을 했지만, 오랫동안 자녀가 없었습니다. 그러자 본처인 사라는 관습에 따라 아브라함에게 여종 하갈을 첩으로 들이도록 권유했죠. 이집트 출신의 하갈은 곧 아브라함의 아들 이스마엘을 낳았습니다.

10여 년이 지난 후, 본처 사라에게서 아들 이삭이 태어났습니다. 사라는 아들을 낳음으로써 자신이 오랫동안 겪은 설움을 떨쳐내고, 하갈과 그녀의 아들 이스마엘을 내쫓았습니다.

여기서 이스마엘이 바로 아랍인의 조상이 되고, 이삭은 유대인의 조상이 되는 것이죠. 그리고 이 사건이 종교적으로 아랍인과 유대인의 갈등이 시작되는 기점으로 여겨집니다. 다만 이 부분은 실제라기보다 종교적 상징성으로 받아들이는 게 적절할 것입니다.

구약성경은 유대인의 역사에 집중하고 있습니다. 즉 이스마엘에 대한 이야기보다 이삭에 대한 이야기에 집중합니다. 이삭은 야곱을 낳았고, 야곱은 열두 명의 아들을 뒀습니다.

그중 열한 번째 아들 요셉은 형들의 시기로 이집트에 팔려 갔죠. 요셉은 그곳에서 고위 관리로 출세한 후 가나안에 기근이 들자 아버지 야곱과 형제들을 이집트로 불러들였습니다.

당시 이집트는 힉소스 왕조의 통치하에 있었으나, 기원전

1580년경 아모스가 힉소스를 무너뜨리고 이집트 제18왕조를 개창했습니다. 힉소스와 함께 있던 다른 민족들은 노예가 되었고 유대인들도 마찬가지였죠.

이집트의 파라오는 인구가 급격히 늘어나는 유대인들을 견제하고자 새로 태어나는 유대인 남자 아기들을 모두 나일강에 버리라는 명령을 내렸습니다.

그때 나일강에서 상자에 담긴 채로 발견된 아기가 바로 모세입니다. 모세는 성장하면서 자신이 유대인이라는 사실을 알게 되었고, 유대인을 해방하려 노력했으나 파라오의 강력한 저항에 부딪혔습니다.

그러자 하나님은 이집트에 열 가지 재앙을 내립니다. 아홉 번째 재앙까지도 파라오는 마음을 바꾸지 않았지만, 마지막 재앙인 '모든 맏아들의 죽음'이 이집트를 강타하면서 상황이 달라졌죠.

유대인들은 하나님의 지시에 따라 양의 피를 문설주에 발라 재앙을 면했습니다. 파라오는 결국 모세에게 유대인들을 데리고 이집트를 떠나라고 명령했죠.

이 사건이 바로 구약성경의 출애굽기에 기록된 내용입니다. 유대인들은 이집트를 탈출해 고난의 행군을 시작했습니다. 그리스어로 '엑소더스(탈출)'라고 합니다.

유대인들이 이집트를 탈출한 후, 모세는 시나이산에 올라가 40일간 머물며 하나님으로부터 십계명을 받았습니다. 하지만 모세가 율법을 받으러 간 사이 유대인들은 참지 못하고 금송아지를 만들어 우상을 숭배하는 실수를 저질렀죠. 산에서 내려온 모세는 분노하며 갖고 온 증거판을 던지고 금송아지를 부숴 버렸습니다.

이후 모세는 다시 산에 올라가 40일을 더 기다린 끝에 두 번째 십계명을 받았습니다. 유대 전통에선 모세가 두 번째 십계명을 받은 이 사건을 속죄와 용서의 상징으로 해석하고, 이러한 전통이 '욤 키푸르'로 발전했다고도 여겨집니다. 욤 키푸르는 히브리어로 '속죄의 날'이라는 뜻입니다.

광야에서 왕국으로, 왕국에서 유수로

기원전 13세기 무렵, 모세의 후계자 여호수아의 지도 아래 유대인들은 40여 년간의 광야 생활을 마치고 가나안 땅으로 돌아왔습니다. 유대인들은 그곳에 정착했는데 이집트에서 파라오의 억압을 경험했기 때문에 왕을 세우지 않았죠. 대신 위기가 발생하면 판관이라 불린 지도자들이 등장해 일시적으로 다스리는 체제로 살아갔습니다.

하지만 유대인들의 가나안 정착은 평탄하지 않았습니다. 남부 해안에서 필리스틴이라는 민족이 가나안 지방으로 올라왔기 때문이죠. 성경에선 이들을 '블레셋 사람'이라고 표현합니다.

블레셋인은 군사적 위협 외에도 해양 민족으로 가나안 해안 지역에서 상업과 무역을 지배하며 경제적 영향력도 행사했습니다. 훗날 다윗과 싸우는 거인 장수 골리앗이 블레셋인입니다.

또한 블레셋인들은 이스라엘이 여전히 청동 무기를 사용하던 시기에 철제 무기와 마차를 보유할 정도로 더 발전된 군사 기술을 지니고 있었습니다. 판관 삼손조차 블레셋을 완전히 제압하지 못할 만큼 강력한 적수였죠.

그런 상황 속에서 이스라엘인들은 강력한 왕의 지휘 아래 전쟁을 원했습니다. 동시에 내부 부족 간의 분열도 강력한 중앙 권력이 등장해야 한다는 주장을 뒷받침했습니다.

외부의 군사적 위협과 내부의 혼란은 이스라엘인들이 통일 왕국 체제를 수립할 수밖에 없는 상황으로 몰아넣었습니다.

결국 기원전 1050년경 이스라엘은 최초로 왕정을 수립하고 사울이 초대 왕(멜렉)이 되었습니다. 그러나 그가 하나님의 명령을 두 번이나 어기자 하나님은 그를 버리고 다윗을 새로운 왕으로 선택했죠.

이후 제2대 왕인 다윗의 통치 아래 이스라엘은 강력한 국가로 성장하며 블레셋을 비롯한 가나안 지방의 모든 부족을 통합했습니다.

당시 이스라엘의 수도였던 히브론이 너무 남쪽에 치우쳐 있었기 때문에 다윗은 예루살렘을 정복한 후 그곳을 새로운 수도로 삼았습니다. 다윗은 유다 지파 출신이었기 때문에 자연스럽게 유다 지파의 입지가 강화되었고, 다른 지파들은 이스라엘이라 불리기 시작했습니다. 이 분열은 후에 북이스라엘 왕국과 남유다 왕국으로 나뉘는 중요한 배경이 됩니다.

이스라엘 왕국

다윗의 아들 솔로몬은 즉위 후 무역을 발전시켜 이스라엘을 경제적 번영으로 이끌었고 주변 국가들로부터 세금을 거두며 국가의 위상을 강화했습니다. 예루살렘에 첫 번째 성전을 건설했고, 성전에는 십계명 석판이 안치된 언약궤를 뒀습니다.

그렇게 예루살렘은 정치적 중심지뿐만 아니라 종교적 중심지로도 자리 잡았습니다. 그러나 기원전 586년, 유다 왕국이 신바빌로니아에 의해 멸망당할 때 언약궤는 사라지고 말았죠.

솔로몬이 죽은 후, 그의 아들 르호보암이 즉위했습니다. 당시 북쪽 지파들은 강제 노동과 세금 감면을 요구했으나 르호보암이 거절하자 여로보암을 새로운 왕으로 추대했죠. 여로보암은 솔로몬의 정책에 반대하며 한때 이집트로 도피했던 인물입니다.

이로써 이스라엘은 북쪽의 열 개 지파가 독립한 이스라엘 왕국과 남쪽의 유다와 벤자민 지파로 구성된 유다 왕국으로 분열되었습니다. 두 나라는 종교적·정치적 갈등으로 200여 년간 긴장을 이어갔죠.

기원전 9세기부터 아시리아는 강력한 기마 부대와 철제 무기를 바탕으로 주변 국가들을 정복했습니다. 이스라엘 왕국도 아시리아에 저항했지만, 결국 기원전 722년 아시리아의 사르곤 2세에 의해 멸망당했습니다. 이스라엘 왕국이 건국된 지 약 200년 만의 일이었죠.

제임스 티소, 〈죄수들의 도피〉, 1896.

아시리아는 이스라엘 왕국 지역에 아시리아인들을 이주시켜 혼혈 정책으로 인구를 혼합했습니다. 그렇게 수 세기에 걸쳐 문화적·종교적 혼합의 결과로 탄생한 사람들이 바로 사마리아인입니다.

기원전 604년, 신바빌로니아의 네부카드네자르 2세는 이집트를 물리치고 블레셋의 여러 도시를 점령했습니다. 유다 왕국은 이집트의 지원을 요청했으나, 이집트는 이미 예전의 강력한 모습을 잃은 상태였죠. 결국 그 지원 요청은 오히려 신바빌로니아의 침공 명분이 되었고, 기원전 601년 유다 왕국은 신바빌로니아의 속국이 되고 말았습니다.

유대인들은 곧 반란을 일으켰지만, 기원전 597년 예루살렘이 함락되고 말았습니다. 네부카드네자르 2세는 왕과 귀족, 대장장이 등을 포함한 유대인 8천여 명을 포로로 끌고 갔죠. '제1차 바빌론 유수'입니다.

이후 네부카드네자르 2세는 유다 왕국을 완전히 병합하지 않고 괴뢰 정부로 간접 지배했습니다. 그러나 새로 즉위한 유다 왕국의 왕이 이집트와 동맹을 맺고 독립을 선언하자, 네부카드네자르 2세는 기원전 587년에 다시 유다를 침공하죠. 그렇게 유다 왕국은 철저히 파괴되었고, 많은 유대인이 다시 바빌론으로 끌려갔죠. '제2차 바빌론 유수'입니다.

시간이 흐르고, 바빌론에서 포로 생활을 하던 유대인들에게 희망이 되어준 인물은 신바빌로니아를 정복한 아케메네스조 페르시아의 키루스 2세(고레스 왕)입니다.

그는 고레스 칙령으로 유대인들의 귀환을 허용했습니다. 아케메네스 페르시아가 지배하는 모든 민족에게 종교와 행정의 자치를 허용하는 관대한 정책을 펼쳤기 때문입니다.

그 결과 유대인들은 수십 년간의 바빌론 유수를 끝내고 기원전 537년 예루살렘으로 돌아올 수 있었습니다. 유대인들은 자신들을 해방해준 키루스 2세를 '기름 부음을 받은 자(메시아)'로 생각했습니다.

제3대 다리우스 1세 시기에는 유대인의 2차 귀환이 성사되었고, 성전이 파괴된 지 약 70년 후인 기원전 516년에는 두 번째 성전이 재건되었습니다. 솔로몬의 성전에 이어 두 번째로 건설된 성전으로, 그 시기 이후 유다 지역은 자치령으로 운영되었습니다.

이로써 구약성경에 나타난 유대인과 이스라엘 왕국의 역사는 마무리됩니다. 이후 기원전 400년경부터 기원전 1세기 초까지의 약 400년간은 신구약 중간기로 불리며, 아케메네스 페르시아와 헬레니즘 시대의 역사가 맞물려 있습니다. 두 나라의 역사를 살펴본 후, 유대인 이야기를 이어가겠습니다.

중동 패권을 바꾼 페르시아의 시대

아시리아 제국이 멸망한 후 메소포타미아와 그 주변 지역은 신바빌로니아 왕국, 이집트 왕국, 리디아 왕국, 메디아 왕국 등 네 개 강국이 세력을 재편했습니다. 그중에서 인도-유럽계 백인들은 토착민과 혼합해 아나톨리아반도에 리디아 왕국을, 이란 지역에는 메디아 왕국을 건국했죠.

메디아 왕국의 마지막 왕 아스티아게스의 외손자인 키루스 2세는 메디아 귀족들의 지지를 얻어 반란을 일으킨 후 메디아 왕국을 정복해 '아케메네스조 페르시아'를 세웠습니다.

아케메네스 가문은 이란 남부의 작은 지방인 안샨을 지배하던 가문이었지만, 키루스 2세는 메디아 왕국을 정복한 후 신바빌로니아와 리디아까지 무너뜨리며 이집트를 제외한 거의 모든 중동 지역을 포함하는 대제국을 건설했습니다.

기원전 550년경의 일로, 중동의 패권이 메소포타미아 문명에서 이란인들에게 넘어간 것이죠. 이후 이란인은 헬레니즘 시대를 제외하면 이슬람 창교로 중동의 패권이 다시 이동하는 7세기까지 약 1천 년간 중동의 주역으로 활동합니다.

이 제국을 아케메네스조 페르시아라고 부르는 이유는 몇 세기 후에 사산 가문이 사산조 페르시아를 세워 두 왕조를 구별하기 위해서죠. 메소포타미아 지역이 이란인의 통치하에 들어간 건 이란 역사를 넘어 중동 전체 역사에서도 매우 중요한 변곡점이라 할 수 있습니다.

먼저 건국자인 키루스 2세는 신바빌로니아를 정복한 후 바빌론에 끌려와 있던 유대인들을 예루살렘으로 돌려보낸 왕으로, 성경에 고레스라는 이름으로 등장할 만큼 유대인들에게 메시아로 여겨졌습니다.

그는 유대인뿐만 아니라 제국 내 다른 민족에게도 그들의 고유한 문화와 전통을 인정하는 관용 정책을 펼친 '샤한샤'(왕 중의 왕)였죠. 이 관용 정책은 키루스 대제뿐만 아니라 대부분의 아케메네스조 페르시아 왕들이 이어갔습니다.

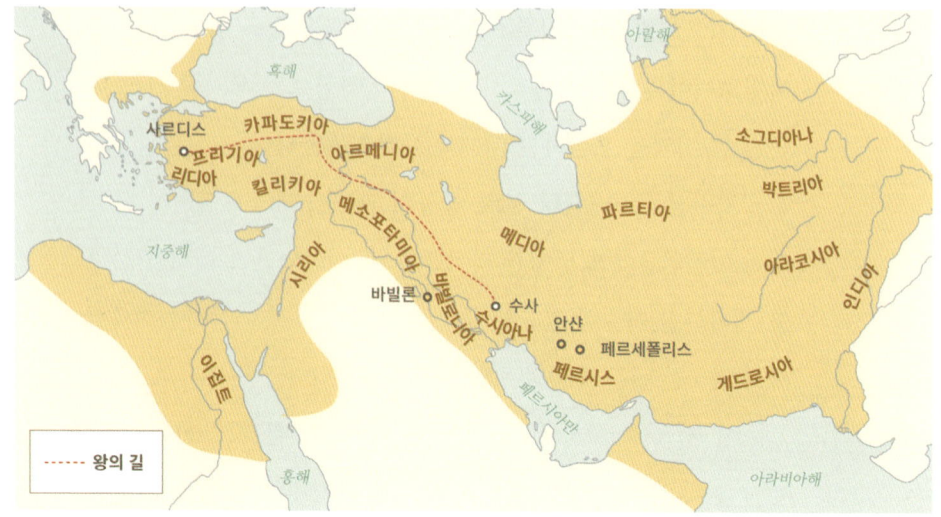

아케메네스조 페르시아

영화 〈300〉에서 크세르크세스 1세가 "나는 관대하다"라고 말하는 것도 그러한 관용의 전통이 후대까지 이어졌다는 걸 영화적 요소에 반영한 장면으로 볼 수 있습니다.

관용 정책은 아케메네스조 페르시아가 중동에서 200년간 제국을 유지할 수 있었던 근본적 이유입니다. 그 전통은 이슬람의 딤미(이슬람 국가에서 비이슬람인) 정책이나 오스만 제국의 밀레트(비이슬람인 자치권)로 이어졌죠.

다음으로 제국을 전성기로 이끈 인물은 제3대 샤한샤 다리우스 1세입니다. 그는 정복 전쟁으로 페르시아 제국의 영토를 최대로 확장한 왕으로, 업적 덕분에 '대제'라고 불리죠. 타민족의 반란을 제압한 과정을 베히스툰산에 비문으로 새겨 기록으로 남겼습니다.

그러나 기원전 514년경 북방으로 출전한 스키타이 원정이 실패로 돌아가면서 명성에 큰 흠집을 남겼습니다. 이 원정 실패는 그리스인들에게 페르시아에 맞서 싸울 수 있는 용기를 줬고 이후 그리스-페르시아전쟁으로 이어졌죠.

그리스-페르시아 전쟁은 다리우스 1세 시기인 기원전 499년부터 다리우스 1세의 아들 크세르크세스 1세까지 약 반세기 동안 이어졌습니다.

기원전 499년, 이오니아(현 튀르키예 서남부)의 도시 밀레토스를 통치하던 아리스타고라스가 페르시아의 지원 아래 낙소스섬을 공격하다가 실패한 사건이 있었는데요.

아리스타고라스는 자신의 지위를 잃을 위기에 처하자 아테네의 도움을 받아 페르시아의 거점인 사르디스를 점령했죠. '이오니아 반란'이라고 합니다. 반란을 진압한 다리우스 1세는 그리스 본토를 공격하기로 결정하고, 기원전 492년에 첫 원정을 시작했습니다.

그로부터 약 반세기 동안 페르시아는 여러 차례에 걸쳐 그리스를 공격했습니다. 어떤 전투에선 페르시아의 공격이 성공을 거두기도 했지만 몇몇 중요한 전투에서 패배하며 결국 그리스를 정복하지 못했죠.

특히 기원전 490년 아테네 북쪽 마라톤 평원의 전투에서 패배한 건 매우 큰 타격이었고 그리스인들에겐 반격의 자신감을 주는 계기가 되었습니다.

기원전 486년에는 페르세폴리스에서 건설 중이던 궁전 공사비를 마련하기 위한 과도한 세금과 강제 노역이 이집트인들의 반란을 촉발했습니다. 다리우스 1세는 진압을 준비하던 중 사망하고 말았죠.

왕위를 계승한 크세르크세스 1세의 첫 번째 과제는 반란 진압이었습니다. 그는 즉위 직후 기원전 486년부터 1년 동안 이집트 반란을 평정하고, 이어 기원전 484년과 482년에 바빌론에서 일어난 반란을 진압하며 그리스 원정을 잠시 미뤘습니다.

이후 기원전 481년 아나톨리아반도에 대규모 원정군을 집결시켜 그리스 침공을 준비했고, 기원전 480년 테르모필레와 아르테미시온곶에서 그리스군과 격렬한 전투를 벌였죠.

테르모필레 전투에서 스파르타의 레오니다스 1세가 300명의 결사대를 이끌고 페르시아 육군을 맞아 싸운 이야기는 널리 알려져 있습니다. 그러나 페르시아군이 승리하자, 아르테미시온 해전에서 싸우던 그리스 연합 해군은 테르모필레 패전 소식을

테르모필레 전투 일러스트(19세기)

듣고 살라미스로 철수해야 했죠.

크세르크세스 1세는 아테네에 진입해 텅 빈 도시를 불태웠지만, 곧 벌어진 살라미스 해전에서 그리스 해군에 결정적 패배를 당했습니다. 그는 대부분의 병력을 페르시아로 철수시키고 장군 마르도니오스에게 일부 육군을 남겼으나, 그 또한 다음 해 기원전 479년 플라타이아이 전투에서 패하고 말았습니다.

전쟁 후, 그리스 폴리스들은 아테네를 중심으로 델로스 동맹을 결성해 페르시아에 맞섰습니다. 스파르타는 해상 작전에 소극적이었고, 델로스 동맹은 기원전 449년 칼리아스 평화 조약까지 페르시아와 대치했죠. 그러나 아테네가 동맹을 제국화하며 세력을 확장하자, 스파르타와의 갈등이 심화되어 펠로폰네소스전쟁이 발발했습니다.

수십 년 후 북부 마케도니아의 필리포스 2세는 남부 그리스의 분열을 틈 타 세력을 넓혔고, 기원전 338년 카이로네이아 전투에서 승리해 그리스를 통일했습니다. 그러나 그는 곧 암살당했고, 그의 아들 알렉산드로스 3세가 즉위해 기세를 몰아 페르시아 원정을 단행했습니다.

알렉산드로스 대왕은 다리우스 3세의 화해 제안을 거절하고, 기원전 333년 이소스 전투와 기원전 331년 가우가멜라 전투에서 잇따라 승리했습니다.

이후 바빌론과 수사를 점령하고 페르세폴리스를 약탈하고 방화한 뒤, 다리우스 3세를 추격해 엑바타나를 점령했습니다. 다리우스 3세는 도주 중 박트리아 총독 베수스에게 살해되었죠.

이로써 기원전 550년 키루스 2세로부터 시작된 아케메네스조 페르시아는 약 220년 만에 멸망하고 말았습니다.

아케메네스조 페르시아는 고대 세계에서 최초로 광범위한 다민족·다문화 제국을 성공적으로 운영한 정치 체제였습니다. 관용과 융합 정책으로 정복지의 종교와 관습을 존중했고, 왕의 칙령이 제국 전역으로 빠르게 전달되도록 왕의 길을 비롯한 도로망과 역참 제도를 발전시켰습니다. 또한 지방 총독을 두는 행정 체계를 마련함으로써, 오늘날까지 영향을 미친 제국 통치 모델을 확립했죠.

문화적으로도 메소포타미아, 이집트, 그리스, 인도, 중앙아시아의 전통이 융합되는 교차로 역할을 했습니다. 페르세폴리스와 수사의 궁전 건축, 조각, 부조는 그러한 문화적 다양성을 보여주는 대표적 예입니다.

비록 알렉산드로스 대왕의 정복으로 정치적으로는 사라졌지만 아케메네스조 페르시아가 남긴 행정, 교통, 문화적 유산은 헬레니즘 세계와 이후 사산조 페르시아, 그리고 이슬람 제국에까지 이어졌습니다.

문명 교차로에서 피어난 새로운 세계

'헬레니즘 시대'는 기원전 4세기 중엽, 알렉산드로스 대왕이 아케메네스조 페르시아를 정복한 이후부터 그의 후계자들이 세운 왕국 중 마지막으로 남은 이집트 프톨레마이오스 왕국이 로마에 의해 정복되는 기원전 1세기 후반까지입니다.

그 기간 지중해와 중동 대부분 지역에 그리스 문화가 전파되었습니다. 헬레니즘이라는 용어는 그리스어 '헬레네스'에서 파생된 '그리스풍'을 의미합니다. 이 용어는 19세기 독일의 역사학자 요한 구스타프 드로이젠이 처음 사용해, 알렉산드로스 대왕이 중동을 정복한 후 그곳에 전파된 그리스 문화를 설명하는 개념입니다.

그러나 헬레니즘은 서양 중심의 관점에서 정의된 것으로, 알렉산드로스 대왕이 불과 13년 만에 중동 전 지역에 그리스 문화를 심었다는 주장은 의문을 불러일으킬 수 있습니다. 도시 지역에선 헬레니즘 문화가 확산되었지만 농촌 지역에선 그 영향이 제한적이었기 때문입니다.

알렉산드로스 대왕이 페르시아를 공격할 당시, 페르시아는 이미 200년 이상 전통과 문화를 지켜오며 광대한 영토를 다스리던 대제국이었습니다. 반면 알렉산드로스 대왕이 이끌던 마케도니아는 이제 겨우 그리스를 통일한 신흥 강국으로, 강력한 군사력 외에는 특별한 강점이 없었죠.

이러한 배경에서 단기간에 그리스 문화가 중동 전역에 깊이 뿌리내렸다는 주장은 서양 중심의 시각에서 평가한 결과로 과장되었을 가능성이 있습니다.

알렉산드로스 대왕의 정복 활동은 본질적으로 마케도니아의 군사적 확장을 목표로 한 것이었습니다. 그리스 통일 과정에서 급격히 확장된 군사력을 유지하고자 불가피한 선택이기도 했고요.

마케도니아는 페르시아 제국의 광대한 영토와 조직적 행정 시스템, 문화적 복잡성을 능가할 준비가 되어 있지 않았습니다.

군사력 면에선 우위를 점했지만 행정과 문화적 측면에서 페르시아의 방대한 경험과 전통을 뛰어넘었다고 보긴 어려웠죠.

헬레니즘 문화가 확산된 주요 경로 중 하나는 알렉산드로스 대왕이 정복한 지역에 그리스인과 마케도니아인들을 식민지 주민으로 이주시켜 도시를 건설하고 그리스 문화를 전파하려 한 것입니다.

알렉산드로스 대왕은 정복지에 새로운 도시들을 세우며 그리스 양식을 도입했습니다. 예를 들어 이집트의 알렉산드리아는 지중해 세계의 새로운 문화 중심지로 자리 잡았습니다. 그리스식 극장, 체육관, 공공 건축물 등을 갖추고 그리스어를 행정과 상업의 공용어로 사용했죠.

그러나 그러한 문화적 변화는 주로 도시 지역에 국한되었고 중동의 넓은 농촌 지역이나 전통 문화가 강하게 뿌리내린 지역에는 상대적으로 영향을 미치지 못했습니다.

알렉산드로스 대왕이 갑작스럽게 사망한 후, 헬레니즘 제국은 그의 후계자들인 디아도코이(알렉산드로스의 장군들) 간의 내분과 권력 투쟁으로 빠르게 분열되었습니다. 제국이 알렉산드로스 대왕의 통일된 영토를 유지할 역량을 갖추지 못했기 때문이었죠.

결국 알렉산드로스 대왕의 광대한 제국은 마케도니아의 안

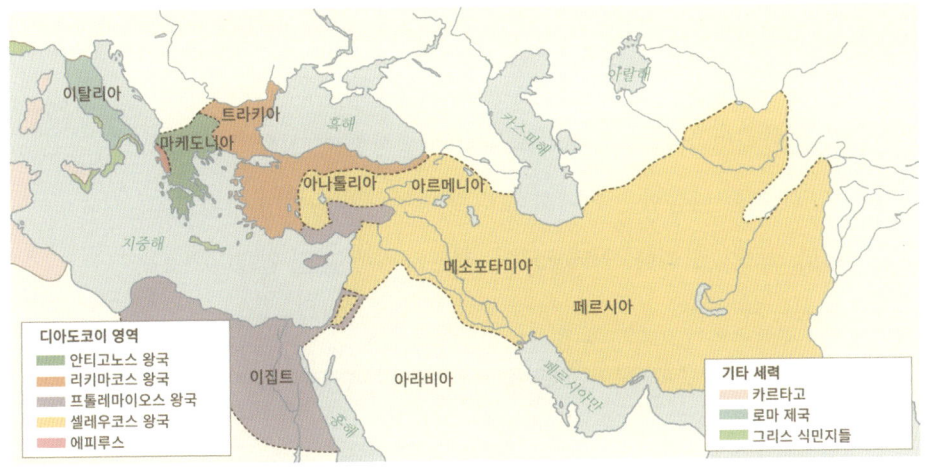

알렉산드로스 대왕 사후 제국 분열

티고노스 왕국, 아나톨리아의 리시마코스 왕국, 페르시아 지방
의 셀레우코스 왕국, 이집트의 프톨레마이오스 왕국 등으로 나
뉘었습니다.

　　페르시아의 광활한 영토를 차지한 셀레우코스 왕국은 거대
한 지역을 효과적으로 지배할 경험과 지식이 부족했습니다. 페
르시아 제국의 관료 체계를 유지하고자 노력했지만, 아케메네
스 왕조가 수백 년에 걸쳐 구축한 복잡한 행정 체계를 짧은 시
간 안에 완벽히 구축할 순 없는 노릇이었죠. 그렇게 효과적인 통
치에 어려움을 겪었고, 결과적으로 기원전 3세기경부터 여러 독
립 세력이 나타납니다.

헬레니즘 시대의 주요 특징은 문화적 혼합이었습니다. 알렉산드로스 대왕의 정복 이후 그리스 문화와 중동의 토착 문화가 융합되며 독특한 헬레니즘 문화를 형성했죠. 철학, 과학, 예술, 건축 등 다양한 분야에서 그리스와 동방의 융합이 이뤄졌습니다. 알렉산드리아, 안티오키아, 페르가몬과 같은 헬레니즘 도

알렉산드리아 도서관 상상화

시들은 융합의 중심지로 기능하며 새로운 학문과 지식의 발전을 촉진했습니다.

특히 알렉산드리아 도서관은 당시 세계에서 가장 큰 지식의 보고로, 헬레니즘 시대의 학문적 성과를 보여주는 대표적 예입니다.

그러나 헬레니즘 문화의 확산은 제한적이었습니다. 헬레니즘 문화는 도시를 중심으로 퍼졌으며, 대다수의 지방과 농촌 지역에선 여전히 토착 문화와 전통이 유지되었죠. 또한 헬레니즘 제국 내에서 그리스 문화가 지배적이었지만, 현지 주민들은 저항하거나 자신의 문화를 유지하려는 경향이 강했습니다.

따라서 헬레니즘 시대를 단순히 그리스 문화가 지배한 시기로 이해하기보다 다양한 문화들이 서로 영향을 주고받으며 공존하고 융합한 시기로 보는 게 더 적절합니다.

아울러 헬레니즘 시대는 알렉산드로스 대왕의 정복 전쟁이 끝난 후의 급격한 변화와 그에 따른 불안정성으로 이해할 수도 있습니다. 알렉산드로스 대왕이 통치한 시기에는 중동과 지중해 세계의 정치적·문화적 통합이 이뤄졌지만, 그의 사후 다시 분열했기 때문이죠. 그렇게 헬레니즘 시대는 새로운 정복자들과 민족들이 등장해 중동 지역에 새로운 국가들이 형성되고 다양한 문화적 영향이 교차하는 시기로 변모했습니다.

복잡한 상황 속에서 헬레니즘 문화는 완전히 뿌리내리지 못하고 다양한 지역적 변형을 겪은 것이지요. 그 대표적 예로 기원전 3세기부터 파르티아와 같은 지방의 독립 세력이 페르시아 지역에서 등장하기 시작했습니다.

셀레우코스 왕조는 이들의 압박에 직면했습니다. 파르티아는 셀레우코스 왕조의 통치에 대한 저항의 중심지로 떠오르며, 결국 페르시아와 메소포타미아 지역의 상당 부분을 차지했습니다. 그렇게 헬레니즘 제국의 통일된 지배는 약화되었고, 중동 지역은 다시 독립 왕국과 지방 세력들이 자리 잡게 됩니다.

종합해 보면, 헬레니즘 시대는 그리스 문화가 지중해와 중동으로 확산된 시기일 뿐만 아니라 다양한 문화와 문명이 서로 교류하고 충돌하며 새로운 문화 형태로 발전한 시기라고 볼 수 있습니다.

그 시기는 고대 세계의 여러 문명이 서로 영향을 주고받으며 현재의 세계 문화 형성에 중요한 토대를 제공했습니다. 그 유산은 오늘날까지도 정치, 철학, 종교, 예술 등 여러 분야에서 영향을 미치고 있고요.

따라서 중동은 단순히 그리스 문화가 전파된 지역이 아니라, 헬레니즘의 영향 아래 다양한 문화적 요소들이 복합적으로 공존하며 새로운 문명을 만든 공간으로 이해해야겠습니다.

자유를 향한 반란,
신앙을 지킨 사람들

알렉산드로스 대왕이 아케메네스조 페르시아를 정복하면서 급격한 변화가 일어났고, 알렉산드로스 대왕 사후 그의 제국은 디아도코이들에게 분할되며 다시 한번 큰 변화를 겪었습니다.

그중에서 유다 지역은 이집트의 프톨레마이오스 왕국과 시리아의 셀레우코스 왕국 사이에서 여러 차례 주인이 바뀌며 피지배 지역으로 살아가야 했습니다.

기원전 200년경, 유다 지역이 프톨레마이오스 왕국의 속국에서 셀레우코스 왕국의 지배로 바뀌었습니다. 당시 셀레우코스 왕국은 중동의 지배력을 강화하고자 유다 지역을 중요한 전략적 요충지로 삼았습니다.

기원전 168년, 셀레우코스 왕국의 안티오코스 4세는 이집트를 정복하고자 알렉산드리아로 진군합니다. 그러나 당시 지중해 지역의 새로운 강자로 떠오르던 로마가 개입해 저지되고 말았죠.

로마의 특사는 안티오코스 4세에게 즉각 철군을 압박했고, 안티오코스는 로마와의 전면전을 피하고자 수락할 수밖에 없었습니다. 그렇게 안티오코스 4세는 어쩔 수 없이 체면을 잃고 돌아가야 했습니다.

안티오코스 4세가 이집트 원정을 떠나며 부재한 틈을 타유다 지역에서 그의 사망 소문이 퍼지자 유대인들은 반란을 일으켰습니다. 그러나 안티오코스 4세는 신속하게 예루살렘으로 돌아와 반란을 잔혹하게 진압했죠.

그 과정에서 그는 유대교의 종교 의식을 금지하고 안식일과 할례를 지키는 사람들을 사형에 처하는 등 유대인 말살 정책을 펼쳤습니다. 또한 제우스 신전을 세우고 유대인들에게 그리스 신을 숭배하도록 강요하며 유대인의 전통을 완전히 억누르려 했죠.

이러한 억압은 유대인 사회에 큰 충격을 줬고, 저항의 불씨를 점점 키웠습니다.

그 시기에 제사장 마타디아스와 그의 아들 유다 마카비를 비롯한 다섯 아들이 반란을 일으켰습니다. '마카비 반란' 또는 '마카비 혁명'으로 알려져 있는데요. 마타디아스의 가족은 셀레우코스 왕국의 군대와 싸우며 유대교 신앙과 전통을 지키고자 무장 투쟁을 벌였습니다.

유대인 배교자를 살해하는 마타디아스

약 2년간의 치열한 전투 끝에 반란군은 기원전 164년 예루살렘을 되찾고 성전을 정화해 다시 유대교 의식을 재개했습니다. 이 사건은 후에 유대교의 중요한 명절인 하누카의 기원이 되었죠.

마카비의 반란 이후, 유대인들은 셀레우코스 왕국의 통제에서 벗어나 자치령을 쟁취했고 마카비 가문은 '하스모니안 왕조'를 세웠습니다. 하스모니안은 마카비 가문의 조상 하스몬의 이름에서 따온 것이죠.

하스모니안 왕조는 유대교 율법을 존중하며 유대인의 정체성을 지켜나갔지만, 주변 국가들과의 갈등 속에서 정치적 혼란과 내부 분열이 빈번했습니다.

또한 지중해에서 점점 강력해지는 로마의 패권을 무시할 수 없었습니다. 하스모니안 왕조는 로마와의 전쟁보다 로마의 보호 아래 실리를 취하는 방향을 선택합니다.

그 결과, 기원전 63년에 유대인들이 시리아에 주둔하고 있던 로마의 장군 폼페이우스에게 사실상 항복하며 유다 지역은 로마의 유다이아 속주로 편입되었습니다.

로마는 유대 지역(유다이아)에 직접 통치 대신 지방 통치자를 임명해 간접적으로 지배하는 정책을 펼쳤습니다. 그러나 로마가 임명한 통치자는 유대인이 아닌 이두매인(에돔 출신) 안티파테르였고, 유대인들의 불만을 야기하기에 이릅니다.

안티파테르의 뒤를 이은 아들이 바로 역사적으로 악명 높은 헤롯 대왕입니다. 그는 로마의 지지를 받아 유대 지역의 왕으로 즉위했지만, 그의 통치는 잔혹한 폭정으로 점철되었습니다.

그는 즉위 직후 유대교 최고 의회인 산헤드린의 사제들을 처형하고, 자신에게 충성하지 않는 율법 학자들을 대거 제거했습니다.

이러한 강압 통치로 유대인들 사이에서 반발이 커졌고, 헤롯은 유대인들의 반란을 경계해야 했습니다.

헤롯은 자신의 통치를 강화하고자 여러 대규모 건축 사업을 추진했는데, 그중 하나가 바로 마사다 요새입니다. 기원전 37년부터 약 5년간에 걸쳐 건설된 마사다 요새는 지리적으로 접근이 어려운 사해 근처의 절벽 위에 위치해 있었습니다. 군사적 방어뿐만 아니라 피신처로도 활용될 수 있도록 설계되었죠.

아이러니하게도, 유대인을 억제하고자 건설된 이 요새는 훗날 제1차 유대-로마 전쟁 때 유대교 열심당원(질럿)들이 점령해 로마에 마지막으로 저항하는 중심지로 활용되었죠.

로마 입장에선 마사다 요새를 정복하지 않으면 유대인의 반란을 종결할 수 없었기 때문에 반드시 공격해야만 했던 전략적 요충지였습니다.

마사다 요새에 있던 유대인들은 로마군의 최종 공격이 임박했을 때 노예로 전락하는 걸 거부하고 자결을 선택함으로써 자유와 믿음을 지켰다고 전해지고 있습니다.

물론 집단 자결 여부에 대해선 논쟁이 있지만, 이 사건은 오늘날까지도 유대인의 저항 정신과 자유에 대한 열망을 상징하는 중요한 역사적 기억으로 남아 있습니다.

로마에 맞선
유대인의 최후 저항

기원전 4년에 헤롯 대왕이 사망한 후, 유대 지역은 그의 아들들이 분할 통치하기 시작했습니다. 그들은 로마의 후견 아래 부분적으로 자치를 유지했지만, 그들의 통치가 갈등을 키우자 결국 기원후 6년경 로마는 유대 지역을 시리아 속주에 편입시켜 직접 통치로 전환했습니다.

로마는 유대 지역에 총독을 임명하고 그를 통해 행정, 사법, 군사 관리를 시행했는데요. 유대인들은 자신들의 종교적·문화적 전통과 크게 다른 다신교 중심의 로마 제국 체제와 충돌했죠.

그들은 유일신을 숭배하는 유대교 교리를 지키고자 로마

의 다신교적 관행과 법률적·세속적 관습을 거부했습니다. 유대인과 로마 사이에는 지속적인 긴장과 충돌이 발생했고, 결국 유대-로마 전쟁의 근본 원인이 되었죠.

'제1차 유대-로마 전쟁'은 여러 원인이 있었지만, 직접적 도화선은 66년에 일어난 그리스인과 유대인 사이의 소송 사건이었습니다. 소송에서 그리스인이 승리하자, 그리스인들은 유대인들을 학살하며 그들의 승리를 만끽했죠.

로마 수비대는 이 학살에 아무런 조치를 취하지 않았고, 유대인들에게 큰 분노를 일으켰습니다. 유대인들은 격렬히 반발하며 폭동을 일으켰고, 로마의 초기 진압이 실패로 돌아가면서 로마군도 큰 피해를 입고 말았죠.

로마 제국은 이 사태를 심각하게 받아들였고, 결국 제1차 유대-로마 전쟁으로 발전하고 말았습니다. 당시 로마 황제는 네로였는데, 그는 전쟁을 신속하게 마무리하고자 당대 최고의 명장 중 하나인 베스파시아누스 장군을 총사령관으로 임명하고 갈릴리를 공격하도록 명령했습니다.

베스파시아누스 장군은 유대 지역을 차례로 진압해 나갔지만, 네로가 사망하고 로마 내전이 일어나자 로마로 돌아가 황제로 추대되었습니다.

그 결과, 그의 아들 티투스가 전쟁의 지휘를 맡았죠. 티투스는 전쟁을 무자비하게 이끌었고, 70년 예루살렘을 포위하고 공격해 결국 예루살렘 성전을 불태워 완전히 파괴했습니다.

예루살렘은 황폐화되었습니다. 성 안에선 무차별적 살육과 약탈이 자행되었고요. 수많은 유대인이 학살당하거나 포로로 끌려갔고, 유대 민족은 국가를 잃고 전 세계로 흩어졌습니다. 이 사건을 기점으로 유대인들은 '디아스포라(이산)'라고 불리는 유랑의 삶을 시작합니다.

티투스는 후대의 유대인들에게 로마 제국의 힘을 과시하고자 예루살렘 성전의 서쪽 벽을 일부러 남겨뒀다고 전해집니다. 물론 그렇게 주장하는 사람들이 있을 뿐이며 티투스가 일부러 남겨 놓았다는 증거는 없습니다. 오히려 그는 성전을 철저히 파괴하려 했기 때문에 다른 이유로 불타지 않고 남았다는 쪽이 더 설득력 있어 보입니다.

이 벽은 오늘날 '통곡의 벽'으로 알려져 있습니다. 헤롯 대왕이 재건한 두 번째 성전의 서쪽 벽 일부로 영어로는 '웨스턴 월'이라고 불리죠. 유대인들은 통곡의 벽을 성전이 파괴된 아픔과 고난의 상징으로 여깁니다. 유대인들이 이곳에서 성전의 재건과 민족의 구원을 기도하며 눈물을 흘렸기 때문에 그런 이름이 붙은 것이죠.

또한 예루살렘 함락을 기념하고자 로마 제국에서 가장 오

서기 70년 티투스 지휘 아래 파괴된 예루살렘

래된 개선문 중 하나인 티투스 개선문이 로마에 세워졌습니다. 티투스 개선문은 로마 제국의 위엄과 승리를 기념하는 중요한 상징물이 되었습니다. 특히 개선문에 로마군들이 성전에서 약탈한 성물들을 운반하는 장면이 새겨져 있어 예루살렘에서의 승리가 시각적으로도 기록되어 있죠.

시간이 흘러 117년에 하드리아누스 황제가 즉위하면서 로마의 유대 정책은 더욱 강경해졌습니다. 하드리아누스는 유대인 탄압 정책을 펼쳤으며, 예루살렘 북쪽에 새로운 로마 도시를 건설하고 그곳에 10군단을 상주시켰습니다.

더불어 유대교의 중요한 종교적 관습인 할례를 금지시켰고, 예루살렘 성전이 있던 자리에 주피터 신전을 세우려는 계획을 발표했습니다. 유대인들의 종교적 정체성을 정면으로 부정하는 행위로 큰 모욕이었죠.

로마의 억압 정책에 분노한 유대인들은 더 이상 참을 수 없었고, 132년에 시몬 바르 코크바를 중심으로 대규모 반란을 일으켰습니다. 바르 코크바는 로마의 억압에 맞서 유대 민족의 독립을 되찾으려는 저항 운동을 이끌었습니다.

초기에는 로마 주둔군을 몰아내고 예루살렘을 포함한 여러 성채를 점령하는 데 성공했습니다. 하지만 로마는 반란을 방치하지 않았고 곧 '제2차 유대-로마 전쟁'으로 발전하고 말았죠.

하드리아누스는 로마 제국의 존엄성을 지키고자 대규모 병력을 동원해 반란을 진압했습니다. 로마군은 고도로 조직된 군사 작전으로 유대인의 성채와 마을을 하나씩 파괴했고, 136년에 이르러 유대인의 마지막 저항 거점이었던 베타르 요새를 함락하면서 반란은 종결되었습니다.

제2차 유대-로마 전쟁의 결과는 참혹했습니다. 수십 개의 성채가 부서지고, 1천여 개의 마을이 파괴되었으며, 수많은 유대인이 학살당하거나 포로로 끌려갔습니다. 유대 지역은 완전히 폐허가 되었고, 로마는 유대인의 반란을 철저히 응징하고자 그들의 영토를 완전히 몰수했죠.

제1차 유대-로마 전쟁 이후에는 어느 정도의 자치권과 땅은 남아 있었지만, 제2차 전쟁의 결과로 유대인들은 영토를 완전히 상실했습니다. 고대 이스라엘의 역사가 사실상 끝났다는 걸 의미했죠. 이후 유대인들은 2천 년 동안 국가 없이 디아스포라 상태로 살아가야 했습니다.

제2차 유대-로마 전쟁 이후, 로마는 유대 지역을 완전히 재편하고자 했습니다. 하드리아누스는 예루살렘을 아예 로마의 식민지 도시인 아엘리아 카피톨리나로 개명하고, 유대인들의 출입을 금지했습니다.

예루살렘의 옛 성전 자리는 주피터 신전으로 대체되었고, 유대인들의 고향에 대한 상징적 연결고리를 끊어버리려는 로마의 의도가 명백하게 드러났습니다.

디아스포라 유대인들은 자신들의 종교적 정체성을 유지하고자 회당을 중심으로 한 공동체 생활을 발전시켰죠. 「미슈나」와 「탈무드」 같은 중요한 종교 문헌을 편찬해 유대교의 법과 전통을 체계화했습니다. 이 문헌들은 유대교가 세계 각지에서 고유의 정체성을 유지하는 데 중요한 역할을 했죠.

유대인들은 로마 제국이 멸망한 후에도 유럽과 중동 지역에서 중요한 종교적·경제적 역할을 수행했습니다. 이슬람 제국이 중동을 정복한 후, 유대인들은 딤미로서 비교적 자치권을 보장받으며 상업, 학문, 의학, 철학 등 여러 분야에서 활발하게 활동했습니다.

특히 중세 초기 아랍 세계에서 유대인 학자들은 철학과 과학, 의학 분야에서 중요한 공헌을 했으며, 이슬람 세계와 유럽 사이의 지적 교류를 촉진하는 데 중요한 역할을 했습니다.

파르티아와
페르시아 제국의 부활

현재의 이란 지역에는 기원전 550년경 키루스 2세가 세운 아케메네스 왕조가 기원전 4세기 말까지 번성하며 페르시아 문명의 황금기를 이끌었습니다.

아케메네스 왕조는 광대한 영토를 통치하며 다양한 문화와 종교를 포용하는 관용 정책을 펼쳤는데요. 기원전 334년부터 시작된 알렉산드로스 대왕의 동방 원정으로 헬레니즘 세계와 맞닥뜨렸고, 기원전 330년에 멸망하고 말았죠.

이후 이란 지역은 알렉산드로스 제국의 분열로 등장한 헬레니즘 국가, 셀레우코스 왕조의 지배를 받았습니다. 셀레우코스 왕조는 이란에서 헬레니즘 문화를 확산시키려 했으나, 이에 맞서는 새로운 페르시아 계승 세력이 부상했죠.

기원전 247년, 카스피해 동쪽 호라산 지방의 파르티아에서 파르니족 출신의 아르사케스 1세가 셀레우코스 왕국의 동북 변경을 장악하며 '파르티아 왕국(아르사키드 왕조)'을 세웠습니다.

이후 셀레우코스 왕국이 내분과 외부 압박으로 약화된 틈을 타 영토를 확장했고, 점차 자신들을 고대 페르시아의 정통 후계자라고 주장하기 시작했죠.

그 결과 민중의 절대적 지지를 얻으며 강력한 왕국으로 성장했고, 페르시아 전통을 강조하며 헬레니즘 문화의 영향력을 점차 약화시키는 정책을 펼쳤습니다.

한편 셀레우코스 왕국은 기원전 190년 마그네시아 전투에서 로마 공화국에 패배한 뒤 영토와 세력이 급속히 축소되었고, 파르티아의 서진을 더욱 가속화시켰습니다. 파르티아는 미트리다테스 1세의 지도 아래 적극적으로 정복 전쟁을 벌여 서쪽으로는 오늘날 튀르키예 남동부까지 영토를 확장했죠.

이후 실크로드의 중심부를 장악해 중동의 강자로 부상했으며, 동쪽의 한나라와 서쪽의 로마 제국 사이에서 중개 무역으로 막대한 부를 축적했습니다.

동쪽의 한나라는 파미르고원과 험준한 산맥, 광활한 사막

파르티아 제국

으로 파르티아와 직접적 충돌 가능성이 낮았습니다. 이에 양국
은 군사적 대립보다 외교적 교류와 무역을 중심으로 관계를 유
지했죠.

그러나 서쪽의 로마 제국은 달랐습니다. 과거 알렉산드로
스 대왕의 정복 경험이 있던 만큼 로마는 언제든 파르티아와의
충돌 가능성을 내포하고 있었습니다.

양국이 주로 대립한 무대는 완충 지대 역할을 한 아르메니
아 왕국이었습니다. 로마와 파르티아의 본격 충돌은 기원전 67
년 로마의 폼페이우스가 동방 원정을 추진하면서 시작되었는데
요. 이후 로마는 여러 차례 파르티아와 전쟁을 벌였으나, 파르티

아의 강력한 궁기병대를 제압하긴 쉽지 않았죠.

결국 기원전 20년경 로마의 아우구스투스와 파르티아의 프라아테스 4세 사이에 불가침 조약이 체결되었고, 로마는 동방 정복 야망을 접고 서쪽으로 팽창 방향을 돌려야 했습니다.

조약 이후 약 150년 동안 두 제국 사이에는 대규모 군사 충돌이 없었지만, 파르티아의 발전은 오히려 제약되었습니다. 로마는 서쪽으로 계속 팽창할 수 있었으나, 파르티아는 동쪽으로는 한나라에 서쪽으로는 로마에 막혀 영토 확장이 사실상 불가능했으니까요. 한편 파르티아 내부에선 지방 세력의 독립성이 강화되고 군소 왕국들이 자율성을 확대하며 중앙 권위가 약화되었죠.

그런 상황에서 사산 왕조의 창시자 아르다시르 1세가 224년 파르티아의 아르타바누스 4세에 반기를 들고 호르모즈드간 전투를 벌였습니다. 그 결과 아르타바누스 4세가 전사하면서 파르티아 왕국은 멸망하고, 사산조 페르시아가 새롭게 건국되었습니다.

그렇게 중세 초기 이슬람 세력이 등장하기 전까지 사산 왕조와 로마 제국이 서아시아와 동지중해 세계의 양대 강국으로 자리매김할 수 있었습니다.

로마와 맞선
마지막 페르시아 제국

파르티아 제국이 약화되는 사이, 현 이란의 파르스 지방에서 호족이었던 아르다시르라는 인물이 부상하기 시작했습니다. 그는 파르스 지역의 작은 영주로 시작했지만, 정치적·군사적 수완을 발휘해 주변 지역을 하나씩 정복하면서 세력을 키웠습니다.

파르스 지방은 고대 아케메네스조 페르시아의 발상지로 자신이 아케메네스 왕조의 정통 후계자임을 내세워 민심을 얻었습니다. 그의 목표는 파르티아 제국을 무너뜨리고 새로운 왕조를 세우는 것이었죠.

224년, 호르모즈드간 전투에서 아르타바누스 4세가 전사하면서 파르티아 제국은 멸망했습니다. 아르다시르 1세는 크테시폰에서 초대 샤한샤로 즉위하면서 비로소 '사산조 페르시아'가 성립되었습니다.

사산조 페르시아의 가장 중요한 특징 중 하나는 이란 민족의 종교인 조로아스터교에 대한 새로운 접근 방식이었습니다. 조로아스터교는 아케메네스조 페르시아와 파르티아 시기에도 존재한 오래된 종교였지만, 아르다시르 1세는 그냥 존재하는 종교로 두지 않고 국교로 격상시켰죠.

그렇게 조로아스터교는 사산조 페르시아의 주요 통치 도구

사산 제국(사산조 페르시아)

이자 이데올로기가 되었고, 중앙집권적 통치 체제를 강화하는 데 중요한 역할을 했습니다.

아이러니한 건 사산조 페르시아가 이슬람에 의해 정복당하면서 조로아스터교도 거의 사라졌다는 것입니다. 만약 조로아스터교가 국교로 승격되지 않고 단순한 종교로 남아 있었다면, 이슬람 정복 이후에도 더 오래 살아남을 수 있었을지도 모르겠습니다.

한편 사산조 페르시아는 로마 제국과 끊임없이 갈등을 일으켰습니다. 주로 아르메니아를 두고 치열한 쟁탈전이 벌어졌죠. 제2대 샤푸르 1세는 258년에 아르메니아의 호스로프 2세를 격파한 후 아들 호르미즈드 1세에게 아르메니아 왕좌를 줬습니다. 그렇게 아르메니아는 이후 사산 왕조의 영향력 아래 놓였죠.

그러나 298년, 로마 제국의 동방정제 갈레리우스가 반격을 가해 사산조 페르시아의 왕자와 왕비를 포로로 잡았습니다. 협상이 시작되었고, 사산조 페르시아는 아르메니아를 로마 제국에 넘기기로 합의해야 했죠.

로마 제국은 아르메니아를 획득한 후, 기독교를 국교로 선포했습니다. 그러나 이 사실은 사산조 페르시아가 받아들이기 어려웠죠. 따라서 아르메니아를 되찾기 위한 새로운 공격이 시작되었습니다.

제9대 샤푸르 2세는 363년 아르메니아를 되찾으며 사산조 페르시아의 영향력을 다시 강화했습니다. 이후 로마 제국이 동서로 분열되는 과정에서 사산조 페르시아는 상대적으로 안정된 왕위 계승을 할 수 있었습니다.

시간이 흘러 421년, 제14대 바흐람 5세가 즉위했습니다. 그는 기독교 박해를 구실로 아르메니아에 다시 쳐들어온 비잔티움(동로마) 제국을 격퇴하고, 427년에는 동쪽의 에프탈을 물리쳤습니다.

이후 아르탁시아스 4세를 폐위하고 아르메니아를 사산조 페르시아의 속주로 편입시켰죠. 하지만 아르메니아의 기독교인 반란과 비잔티움 제국의 개입, 그리고 에프탈의 침입 등으로 혼란은 계속되었습니다.

531년 즉위한 제21대 호스로 1세는 내부 혼란을 해결하고 외부로 시선을 돌리고자 비잔티움 제국과 전쟁을 시작했습니다. 또한 그는 토지 개혁과 군제 개혁으로 귀족을 통제하고 중앙 정부의 힘을 강화했습니다.

그렇게 시작된 비잔티움 제국과의 전쟁은 제25대 호스로 2세 치세 초기까지 계속되었습니다. 호스로 2세는 즉위 후 기독교를 포함한 모든 종교에 관용을 베풀었지만, 조로아스터교 성직자들의 반란을 초래했습니다. 또한 비잔티움 제국 황제 마우리

호스로 2세의 전투

키우스 도움을 받아 반란을 진압했으나, 그 대가로 아르메니아 서부를 비잔티움 제국에 넘겨줘야 했습니다.

그러나 602년 마우리키우스가 암살되자 호스로 2세는 이를 명분으로 비잔티움 제국을 공격해 611년 안티오크, 613년 다마스쿠스, 614년 예루살렘, 619년 이집트까지 차례로 정복했습니다.

하지만 비잔티움 제국의 헤라클리우스 1세가 반격을 시작하면서 627년 티그리스강까지 후퇴했고, 호스로 2세는 결국 아들 카바드 2세에게 왕위를 빼앗기고 감금된 채 살해당하고 말았습니다. 카바드 2세는 비잔티움 제국과의 평화를 위해 이전에 정복했던 영토를 모두 반환해야 했죠.

그렇게 비잔티움 제국과 사산조 페르시아가 400년 동안 끊임없는 소모전을 벌인 결과 양국은 모두 쇠퇴할 수밖에 없었고, 주변 세력에게 새로운 기회를 제공했습니다. 아라비아반도에서 '이슬람'이라는 새로운 종교와 정치 세력이 등장해 북상한 것입니다.

사산조 페르시아는 642년 니하반드(현 이란 케르만샤) 전투에서 이슬람군에게 패배하면서 몰락의 길을 걷기 시작했습니다. 사산조 페르시아의 백성은 지난 수 세기 동안 전쟁과 수탈에 시달렸기 때문에 새로 등장한 이슬람 세력에 저항할 의지가 거의 없었죠. 오히려 그들을 해방자적 이미지로 받아들였습니다.

사산조 페르시아의 마지막 군주인 야즈데게르드 3세는 도피를 거듭하다가 651년 메르프 근처에서 암살되었습니다. 그렇게 사산조 페르시아는 멸망하고 말았죠.

이로써 기원전 6세기 아케메네스조 페르시아가 건국된 이후 1천 년이 넘는 페르시아인의 패권 시대가 막을 내렸습니다. 동시에 민족 종교였던 조로아스터교도 페르시아 역사에서 서서히 사라집니다. 이슬람의 정복 이후 전혀 영향력을 행사할 수 없었기 때문입니다.

하지만 일부 신자들은 인도로 이주해 '파르시(페르시아인)' 공동체를 형성했고, 이란 내에선 '자르도슈티(조로아스터교인)'라는 공동체를 형성했습니다. 비록 소수지만 두 공동체는 현재까지도 명맥을 이어오고 있습니다.

꾸란과 칼,
이슬람이 세계를 정복한 이유

아라비아반도는 대부분이 사막으로 이뤄져 있어 6세기 당시 아랍인들은 주로 낙타나 양 떼를 기르며 유목 생활을 했습니다. 하지만 그중 일부 부족은 약탈 경제를 기반으로 생계를 이어갔으며 죄의식도 없었죠. 생존을 위한 자연스러운 활동으로 간주되었기 때문입니다.

570년, 이슬람의 창시자 무함마드가 아라비아반도 서부 헤자즈 지방의 메카에서 태어났습니다. 당시 아나톨리아반도에는 파르티아 제국 시기부터 중동과 수백 년간 전쟁을 치러온 비잔티움 제국이 존재했죠.

비잔티움 제국과 사산조 페르시아는 서로를 견제하며 빈번하게 충돌했는데, 특히 동방에서 들어오는 향신료를 차지하기 위한 경제적 갈등이 컸습니다.

비잔티움 제국은 사산조 페르시아와의 전쟁으로 육로를 통한 동방 무역이 원활하지 못했기 때문에 지중해와 홍해, 인도양을 잇는 해상로 및 아라비아반도 서부의 육로를 이용해 향신료와 물자를 확보하려 했습니다.

중간 기착지 역할을 했던 헤자즈 지역, 그중에서도 메카와 같은 도시는 큰 경제적 번영을 이룩했습니다. 이러한 번영은 아라비아반도 내 신흥 세력의 등장을 가능하게 했죠.

한 국가가 뛰어난 군사력을 바탕으로 제국으로 발전하기 위해선 먼저 경제력을 발전시키는 게 필수적인데, 경제력이 군사력의 토대가 되기 때문입니다.

이러한 관점에서 볼 때, 아랍인들도 중계 무역으로 부를 축적하자 자신들도 이제는 비잔티움 제국이나 사산조 페르시아와 같은 강대국들과 견줄 만하다고 느끼기 시작했습니다.

아랍인들은 더 이상 사산조 페르시아나 비잔티움 제국에 굴복하고 싶지 않았습니다. 그러나 당시 아라비아반도는 다신교 사회라는 한계가 있었습니다.

여러 부족이 각기 다른 신을 섬기고 있었기 때문에 통일된 힘을 이루기 어려웠죠. 아랍 민족을 하나로 통일하기 위해선 그들을 하나로 묶어줄 강력한 이념이나 종교가 필요했습니다.

아랍인들은 이미 헤자즈 지역의 기독교 및 유대교 상인들을 통해 유일신의 존재에 대해 알고 있었고, 자신들도 하나의 신을 섬기는 종교가 있다면 아라비아반도를 통일하고 외세에 대항할 수 있을 거라고 생각했습니다.

이러한 배경에서 무함마드는 새로운 유일신 종교인 '이슬람'을 창시했습니다. 그는 아랍인들이 잘 알고 있던 기독교와 유대교의 유일신 개념을 차용해 아랍인들이 받아들이기 쉽게 이

이슬람 세력

슬람을 창교한 것이죠.

　이슬람은 초기에는 비잔티움 제국보다 사산조 페르시아를 먼저 공격 대상으로 삼았습니다. 이슬람의 종교적 모델이 기독교와 유대교에 기초했기에 기독교를 믿는 비잔티움 제국은 공격 대상이 아니었기 때문입니다. 그러나 사산조 페르시아가 이슬람군에 의해 정복된 이후, 이슬람 세력은 목표를 바꿔 비잔티움 제국도 공격하기 시작했습니다.

　당시 비잔티움 제국은 지중해와 동방 무역로를 지키고자 수많은 자원을 쏟아부었지만, 이슬람 세력의 신속한 확장과 군사적 기세를 막지 못했습니다. 이 변화는 이슬람 경전 『꾸란』에 근거를 두고 있습니다.

　『꾸란』 9장 29절에는 "성경이나 타나크를 받은 기독교나 유대교인이라도 이슬람을 믿지 않는 자에 대해선 인두세를 바칠 때까지 싸우라"는 구절이 있습니다. 타 종교를 가진 자들이 이슬람 정권에게 세금을 낸다면 더 이상의 전쟁은 피할 수 있다는 뜻으로 해석되었죠.

　이러한 현실 인식은 타 종교에 대한 관용을 세금과 같은 금전적 실리로 치환한 이슬람의 독특한 특징을 보여줍니다. 이슬람의 이러한 관점은 '지즈야'(비이슬람 교도들이 납부하는 인두세)나 '밀레트'(자치 공동체) 제도로 이어졌습니다.

또한 군사적으로 볼 때 이슬람 세력이 성공한 이유 중 하나는 유목민의 기동력과 전투 경험을 바탕으로 한 빠른 공격 능력이었습니다. 낙타와 말을 이용한 기동성 있는 군사 전략으로 빠르게 적의 영토를 침략하고 물자를 확보했죠. 이런 자원들은 다시 군대의 확장과 유지에 쓰였고요. 그들은 자신들의 전쟁을 지하드, 즉 성전이라 불렀습니다.

따라서 지하드의 목적은 이슬람 공동체의 확장과 경제적 이익이라고 요약할 수 있습니다. 결국 당시 이슬람은 정치, 군사, 경제, 종교가 서로 유기적으로 연결된 종교로 볼 수 있습니

이슬람 경전, 꾸란

다. 무함마드는 종교 창시자로서 이러한 모든 요소를 결합해 강력한 종교 국가를 세우고자 했죠.

'이슬람 제국'의 탄생과 확장은 중동 역사에서 매우 중요한 만큼 요약·정리하고 넘어가도록 하겠습니다.

중개 무역으로 부를 축적한 아랍인들은 자신들이 이전에 굴복하던 사산조 페르시아에 대항하고자 하는 욕구를 가졌습니다. 하지만 여러 부족으로 흩어져 살고 있었기 때문에 강력한 외세에 대항하기 힘들었습니다.

따라서 흩어진 아랍인의 힘을 하나로 결집시킬 수 있는 강력한 사상, 즉 종교가 필요했습니다. 무함마드는 이미 아라비아반도에 만연해 있던 기독교와 유대교의 유일신 개념을 이용해 아랍인들이 쉽게 받아들일 수 있는 이슬람을 창시했습니다.

이후 이슬람은 지하드라는 이름 아래 타민족을 정복하고 그들의 재산을 빼앗으면서 강력한 이슬람 제국을 형성했습니다.

그렇게 이슬람은 단순한 종교의 차원을 넘어, 아라비아반도 내 여러 부족을 하나로 통합하고 외부 세력에 맞서기 위한 강력한 정치·군사적 도구로 발전합니다.

최초의 분열,
칼리프 계승 권력 투쟁

632년 무함마드는 아라비아반도 대부분의 부족을 통합해 이슬람 공동체인 움마를 형성한 후 사망했습니다. 이제 움마는 공동체를 이끌어갈 새로운 정치·종교 지도자를 선출해야 했습니다. 하지만 이슬람 공동체는 급조된 상태였기 때문에 후계자 계승에 대한 명확한 원칙이 없었죠.

무함마드의 후계자, 즉 칼리프(대리인)를 선출하는 문제에서 가장 큰 쟁점은 혈통을 기준으로 할지, 능력과 경험을 기준으로 할지에 대한 것이었습니다.

아라비아반도의 부족 사회는 부족장의 능력이 후손들에게

전수된다고 믿는 경향이 있었기 때문에, 많은 사람이 무함마드의 가장 가까운 친척인 알리 이븐 아비 탈리브(훗날 제4대 칼리프)를 적당한 후계자로 생각했습니다.

알리는 무함마드의 사촌 동생이자 딸 파티마의 남편이었으며, 종교적으로도 중요한 인물로 여겨졌습니다. 그러나 그는 당시 나이가 어리고 경험이 부족했기 때문에, 무함마드의 가까운 동료이자 장인이었던 아부 바크르가 슈라(합의체)에 의해 초대 칼리프로 선출되었습니다.

아부 바크르의 통치 기간은 불과 2년 남짓이었지만, 중요한 업적을 남겼습니다. 그는 자신의 즉위에 불만을 가진 일부 부족들이 움마를 탈퇴하고 이전의 유목 생활로 돌아가려는 움직임을 제압하고, 진정한 의미에서 아라비아반도의 통일을 완수했습니다. 그의 통치는 불안정했던 초기 이슬람 공동체를 안정시키는 데 중요한 역할을 했죠.

아부 바크르의 지목으로 그의 사후 우마르 이븐 알카타브가 제2대 칼리프가 되었습니다. 우마르의 통치하에 이슬람 제국은 급격한 군사적 확장을 이뤘고, 아라비아 부족들에게 새로운 자원과 기회를 제공하면서 이슬람의 영향력을 더욱더 확대하고자 했습니다.

637년, 우마르는 이슬람군을 이끌고 카디시야(현 이라크 카디시야주) 전투에서 승리해 사산조 페르시아의 수도 크테시폰을 점령할 수 있는 발판을 마련했습니다. 이어서 사산조 페르시아의 통치에 시달리던 사람들을 포섭해 그들을 이슬람군으로 동원하고, 이를 바탕으로 사산조 페르시아를 무너뜨렸습니다.

한편 비잔티움 제국과도 전투를 벌여 636년 북부 팔레스타인 지역의 야르무크 전투에서 대승을 거두고 638년에는 예루살렘을 정복했습니다. 이후 시리아, 팔레스타인, 이집트 전역을 정복하고 북아프리카로까지 진출합니다. 성공적인 정복 전쟁으로 탈퇴했던 부족들마저 정치, 종교적 안정 속에 움마로 복귀했고 이슬람 공동체는 더욱 공고해졌습니다.

우마르 사후 제3대 칼리프 우스만 이븐 아판이 슈라에 의해 선출되었습니다. 우스만 역시 칼리프 재위 동안 비잔티움 제국과의 전쟁에서 승리해 이슬람의 영토를 확대했습니다. 또한 동부 전선에선 중앙아시아까지 진격하면서 이슬람 제국의 영토를 더욱 넓혔죠.

특히 그는 우마이야 가문의 출신인 무아위야를 시리아 총독에 임명했는데, 시리아는 유럽을 공격하는 최전선으로 막강한 군사적 권한이 집중된 지역이었습니다.

그렇게 우마르 통치 후반부에 이르면 기존의 '무하자룬'(이주자들: 무함마드를 따라 메카에서 메디나로 이주한 이민자들)과 '안사르'(도와주는 자들: 메디나에서 무하자룬을 맞이해준 사람들) 사이에서 불만이 생기기 시작했습니다.

불만은 점점 더 커졌고 결국 656년, 이집트 푸스타트(현 카이로) 출신의 아랍 병사들이 메디나로 돌아와 우스만을 암살했습니다.

우스만 암살 후 칼리프로 옹립되는 알리

저스티스의
한 뼘 더 깊은 세계사
(중동 편)

이에 따라 알리 이븐 아비 탈리브가 제4대 칼리프로 옹립되었습니다. 알리는 무함마드의 사촌 동생이자 딸 파티마의 남편으로, 무함마드의 가문과 혈연적으로 가까운 인물이었죠. 그는 메카와 메디나의 안사르들로부터 높은 지지를 받았습니다.

그러나 알리는 즉위 후 수도를 메디나에서 자신의 근거지인 쿠파(바그다드 근처)로 옮겼고, 시리아 총독 무아위야 1세의 반발을 불러일으켰습니다. 무아위야는 암살된 전 칼리프 우스만의 친척이었기 때문에 알리를 인정하지 않았죠.

그렇게 이슬람 공동체 최초의 내전인 '제1차 피트나(내전)'가 발발합니다. 곧 우마이야 가문과 알리의 지지자들 사이의 권력 투쟁으로 이어졌습니다. 내전은 쉽게 결말이 나지 않았고, 결국 무아위야가 먼저 강화 협상을 제안했습니다.

알리 진영 내부는 주전파와 주화파로 나뉘었고, 알리가 주화파의 주장을 받아들이면서 전투는 중단되고 협상이 재개되었습니다.

그러나 알리의 결정은 주전파의 불만을 사고 말았습니다. 주전파는 우스만이 『꾸란』의 규범을 따르지 않았기 때문에 합당한 처분을 받았다고 생각했지만, 알리가 그들과 타협하는 걸 보고 더 이상 그를 진정한 무슬림 지도자로 여기지 않았죠.

주전파는 알리의 진영에서 벗어나 독립적인 공동체를 세웠는데, 하와리즈파(이탈자)라고 불렀습니다. 하와리즈파는 이슬람 공동체의 지도자는 가장 힘 있는 인물이 아니라 가장 독실한 무슬림이 되어야 한다고 주장했습니다.

알리는 659년 나라완 전투(현 이라크 디얄라주)에서 하와리즈파에 승리했으나, 그들 중 일부는 복수를 위해 알리 암살 계획을 세웠고 결국 661년 알리는 암살당하고 말았습니다.

알리가 암살당한 후 제5대 칼리프로 그의 아들 하산 이븐 알리가 선출되었지만, 내전을 끝내고자 조건부로 칼리프위를 무아위야에게 넘겨주고 메디나로 물러납니다. 무아위야 사후에는 공동체가 새로운 칼리프를 선출한다는 조건이었죠.

양측이 조건에 합의하면서 하산은 더 이상 정치에 관여하지 않았고, 669년 사망했습니다. 이로써 무아위야는 시리아 다마스쿠스를 중심으로 하는 새로운 이슬람 공동체를 구축했습니다.

그러나 그 과정에서 무아위야의 칼리프 계승을 인정하지 않는 사람들이 있었는데요, 그들이 바로 시아파입니다. 시아파는 알리와 그의 후손들이 칼리프 자리를 차지해야 한다고 믿었으며, 무아위야가 칼리프가 되자 알리의 둘째 아들 후세인 이븐 알리를 중심으로 쿠파에서 세력을 키우기 시작했습니다.

한편 무아위야는 기존 합의와 달리 선출제 전통을 버리고, 아들 야지드를 후계자로 지목했습니다. 그렇게 칼리프 자리를 세습하는 우마이야 왕조가 탄생했죠. 이슬람 정치 체제에 결정적 전환점이 되었습니다.

하지만 세습제는 이슬람 공동체 내의 심각한 분열을 촉발했고, 이후 시아파와 수니파는 현재까지도 대립을 이어가고 있습니다.

우마이야 왕조의 영광과 몰락

무아위야는 강력한 왕권을 확립하고자 초기 이슬람 공동체에서 행했던 칼리프 선출제를 폐지하고 세습제를 도입했습니다. 그는 아들 야지드를 후계자로 지목하며, '우마이야 왕조' 내에서 칼리프의 세습을 공식화했죠.

이 조치는 칼리프 자리가 더 이상 합의체인 슈라를 통해 선출되는 게 아니라, 왕조 내에서 세습되는 권력 구조로 바꾸겠다는 선언이었습니다. 무아위야는 이를 강제하고자 지방 총독들에게 충성 서약을 받아냈습니다.

무아위야의 세습제 도입에 시아파는 강력히 반발했습니다.

시아파는 무함마드의 사촌 동생이자 사위이며 알리의 후손인 후세인이 칼리프가 되어야 한다고 주장했습니다. 그러나 야지드 1세가 제2대 칼리프가 되자, 후세인과 그의 추종자들은 처절히 저항했죠.

그 저항은 680년 카르발라(현 이라크 카르발라주) 전투에서 절정에 달했습니다. 후세인과 그의 지지자들은 야지드의 군대에 포위되어 고립되었고, 전투에서 후세인과 그의 많은 지지자는 전투다운 전투를 해보지도 못하고 대부분 학살당했습니다.

이 사건은 이슬람 역사에서 중요한 분수령이 되었으며, 시아파와 수니파 간의 깊은 분열을 초래했습니다. 이후 후세인의

카르발라 전투

희생은 시아파의 중심적 신념이 되었고 그를 순교자로 기렸습니다.

야지드 1세가 칼리프로 즉위한 이후에도 우마이야 왕조에 대한 반란과 저항은 계속되었습니다. 그러나 야지드 1세는 반란 세력을 군사적으로 진압해 권력을 공고히 했죠. 그 기간 벌어진 내란을 '제2차 피트나'라고 부릅니다. 여러 반란을 제압하면서 우마이야 왕조는 더욱 강력한 제국으로 발전했습니다.

우마이야 왕조는 제국 내부의 반란을 진압한 후 내부의 응축된 힘을 바깥으로 표출했습니다. 왕조는 군사적 팽창으로 이슬람 세계의 영토를 크게 넓혔죠. 동쪽으로 중앙아시아를 관통해 파미르고원까지 진출했습니다.

751년에는 탈라스(현 키르기스스탄 탈라스주) 전투에서 당나라와 맞서 싸웠습니다. 이 전투에서 압바스 군대가 승리하며 중앙아시아에 대한 영향력을 확립했습니다. 아울러 많은 전쟁 포로들이 당나라에서 이슬람의 영역으로 끌려가면서 종이 제조 기술이 전파되었죠.

한편 우마이야 왕조는 북서쪽으로 아나톨리아반도를 정복하려 했지만, 콘스탄티노플이라는 비잔티움 제국의 강력한 요새에 막혀 더 이상 진출하지 못했습니다. 대신 남서쪽으로 북아프리카를 정복한 후, 711년에는 이베리아반도로 진출했죠. 그때 이베리아반도로 들어간 무슬림 세력은 알안달루스로 알려졌으며, 그들은 이후 약 800년 동안 유럽에 이슬람 문화를 전파했습니다.

이슬람군은 이베리아반도를 성공적으로 정복한 후, 피레네산맥을 넘어 프랑크 왕국을 공격했습니다. 하지만 732년, 투르-프아티에(현 프랑스 중서부) 전투에서 카를 마르텔이 이끄는 프랑크군에 저지된 후 더 이상의 유럽 확장은 이뤄지지 않았습니다.

우마이야 왕조는 헬레니즘 제국보다도 더 넓게 영토를 확장했습니다. 알렉산드로스 대왕의 제국이 그의 사후 금방 무너진 반면, 이슬람 제국은 무함마드 사후에도 급격히 무너지지 않았죠. 정복지의 민간인을 학살하거나 직접 통치하지 않고 지즈야를 부과하면서 타민족의 문화와 관습, 종교를 충분히 인정했기 때문입니다.

지즈야는 무슬림이면 내지 않아도 되는 세금이었기 때문에 많은 이가 세금 부담을 덜고자 이슬람으로 개종했습니다. 또한 지즈야의 세율은 비잔티움이나 사산조 페르시아보다 훨씬 낮았기 때문에 정복지 주민들에게 효과적이었죠.

비잔티움 제국과 사산조 페르시아의 수 세기에 걸친 전쟁으로 촉발된 민심 이반도 이슬람 개종을 촉진시켰습니다. 그렇게 제국 내 비아랍계 무슬림의 비중이 크게 늘어났죠. 그들을 마왈리(피보호자)라고 부릅니다. 그러나 마왈리가 증가하면서 세입이 줄어들자, 우마이야 왕조는 세금 감면을 노린 개종을 제약하는 조치를 취하기도 했습니다.

한편 우마이야 왕조는 제국의 주요 요직을 아랍계 무슬림에게만 허용하고 비아랍계 무슬림인 마왈리에겐 한계를 뒀습니다. 마왈리들은 이슬람 확산 과정에서 많은 공헌을 했음에도 불구하고 공평한 대우를 받지 못하자 불만이 커졌죠.

그 결과 8세기 중엽, 마왈리와 함께 오랜 기간 반우마이야 운동을 해오던 시아파가 우마이야 왕조에 맞섰습니다. 그 과정에서 압바스 가문이 등장합니다. 압바스 가문은 무함마드의 숙부인 아부 알 압바스의 후손들이었는데요. 그들은 자신들이 무함마드의 진정한 후계자라고 주장하며, 마왈리와 시아파는 물론 페르시아인, 비무슬림 남부 아랍인들까지 포섭하죠.

우마이야 왕조는 일련의 위기 속에서도 비무슬림의 관직 진출을 허용하지 않고 오히려 막는 조치를 취했습니다. 당시 우마이야 왕조는 신생 국가였기 때문에 무슬림 인구는 전체 인구의 약 10%에 불과했죠.

그렇게 무슬림 이외의 모든 사람을 적으로 돌린 결과, 우마이야 왕조는 탄생한 지 약 한 세기 만에 '제3차 피트나'를 겪으며 멸망하고 말았습니다. 이후 폐쇄적 운영을 하지 않고 모든 사람을 끌어안은 압바스 왕조가 정권을 획득했습니다.

732년 투르-프아티에 전투를 패배했을 때, 더 이상 팽창하지 못하고 이베리아반도에 갇혀 지내던 무슬림들이 있었습니다. 750년 우마이야 왕조가 멸망하고 압바스 왕조가 들어서자, 그들은 압바스 왕조를 따를지 말지 고민해야 했죠. 그런데 압바스 왕조가 우마이야 왕조의 관료 특권을 폐지하고 세금을 부과하면서 그들은 압바스 왕조에 반발했습니다.

투르-프아티에 전투

그 무렵 우마이야 왕조의 마지막 왕인 마르완 2세의 손자 압둘라흐만 1세가 압바스 왕조의 숙청을 피해 코르도바로 도망 쳤습니다. 이후 그는 이베리아에 있던 무슬림들과 연합해 코르도바를 수도로 하는 '후우마이야 왕조'를 건국하죠.

그는 자신을 칼리프라고 칭하지 않고 세속적 군주로서 아미르(통치자)라고 했습니다. 그의 통치는 이베리아반도에서 이슬람 문화와 학문의 중심을 세우는 데 중요한 역할을 했죠.

이후 그의 후계자들은 이베리아반도에서 왕조를 더욱 발전시켰습니다. 특히 비잔티움 제국과 사산조 페르시아의 유산을 바탕으로 과학, 철학, 의학, 건축 등에서 큰 발전을 이루며 코르도바를 지중해 세계의 중요한 문화와 학문의 중심지로 만들었습니다.

한편 10세기 초 이집트에서 시아파인 '파티마 왕조'가 등장해 칼리프를 자처하며 바그다드의 압바스 왕조에 도전하기 시작했습니다. 그에 자극받아 929년 후우마이야 왕조의 아미르 압둘라흐만 3세가 스스로를 칼리프라고 선언하며 '코르도바 칼리프국'을 세웠죠. 그렇게 이슬람 세계에 동시에 세 명의 칼리프가 존재하게 되었습니다.

코르도바 칼리프국의 전성기는 제2대 칼리프 알하캄 2세의 통치 시기입니다. 그 시기 코르도바는 학문, 문화, 예술의 번영을 누리며 서유럽에서 가장 중요한 도시 중 하나로 자리 잡았죠. 그러나 976년 알하캄 2세가 사망하고, 그의 열한 살짜리 아들 히샴 2세가 즉위하면서 쇠퇴의 길을 걷기 시작했습니다.

실권은 군사령관 실세와 그의 아들들에게 넘어갔고, 중앙권력의 약화가 심화되었죠. 결국 1026년 제3대 칼리프 히샴 3세를 끝으로 코르도바 칼리프국은 여러 정치적, 군사적 갈등 속에서 멸망하고 말았습니다.

코르도바 칼리프국의 몰락 이후, 이베리아반도는 타이파라고 불리는 여러 작은 독립 공국으로 분열되었습니다. 이러한 분열은 훗날 기독교 국가들이 이베리아반도의 이슬람 세력에 맞서 레콩키스타(재정복)를 진행하는 데 중요한 배경이 되었습니다.

이슬람의 황금기,
압바스 제국과 바그다드

'압바스 제국'은 이슬람 역사에서 매우 중요한 위치를 차지하는 왕조로, 우마이야 왕조가 무너진 750년부터 여러 변천을 겪으며 1258년까지 약 500년 동안 장수했습니다.

왕조의 이름은 무함마드의 숙부인 압바스의 후손들이 설립한 데서 유래했습니다. 압바스 왕조는 초기부터 이슬람 세계의 지형을 크게 바꾸는 중요한 사건들을 겪었죠.

그중 751년에 있었던 탈라스 전투는 중세 역사에서 가장 중요한 문명 충돌 중 하나로 평가받습니다. 이 전투에서 압바스 왕조가 당나라를 물리치면서 중앙아시아는 점차 이슬람화되었습니다. 당시 포로로 잡힌 당나라 사람들 약 2만 명 중에는 제지 기술자들도 포함되어 있었는데, 그들이 서쪽으로 이송되어 사마르칸트지(종이)를 만들었고 유럽으로 전파되었죠.

압바스 왕조는 제2대 칼리프 알 만수르 시기에 제국의 수도를 바그다드로 옮겼습니다. 이슬람의 중심지가 더 이상 아라비아반도에 머무르지 않게 되었음을 의미했고, 메소포타미아 지역의 무슬림이 새로운 지배층으로 떠오르는 중요한 전환점이 되었죠.

수도 이전 후, 압바스 왕조는 우마이야 왕조의 폐쇄적 통치 구조를 버리고 메소포타미아의 축적된 전통과 경험을 수용하며 발전했습니다.

중앙에서 행정을 총괄하는 와지르(총리)를 중심으로 지방에 총독을 파견해 통치하는 중앙집권적 통치 구조를 갖췄습니다. 동시에 우마이야 왕조 시기에 있었던 아랍인들의 특권은 사라지고 페르시아인들이 중용되었죠. 와지르를 대부분 페르시아인으로 기용하고, 최정예 군대인 궁정친위대도 페르시아인이나 맘루크인으로 구성했고요.

압바스 왕조의 세금 체계는 지즈야와 하라지로 이뤄졌습니다. 지즈야는 무슬림이 아닌 사람들에게 부과되었고, 하라지는 종교와 관계없이 토지를 경작하는 모든 사람에게 부과되었죠.

압바스 왕조는 제5대 칼리프 하룬 알 라시드와 그의 아들 제7대 알 마문 시기에 전성기를 맞이했습니다. 그 시기에 이슬람 문화와 학문이 크게 발전했으며, 특히 바그다드는 '지식의 집'이라는 대규모 학문 연구소와 도서관을 설립하며 세계 지식의 중심지로 부상했습니다.

하지만 압바스 왕조는 9세기 중엽부터 내분, 반란, 이민족의 침입 등 여러 이유로 쇠퇴하기 시작했습니다. 특히 칼리프의

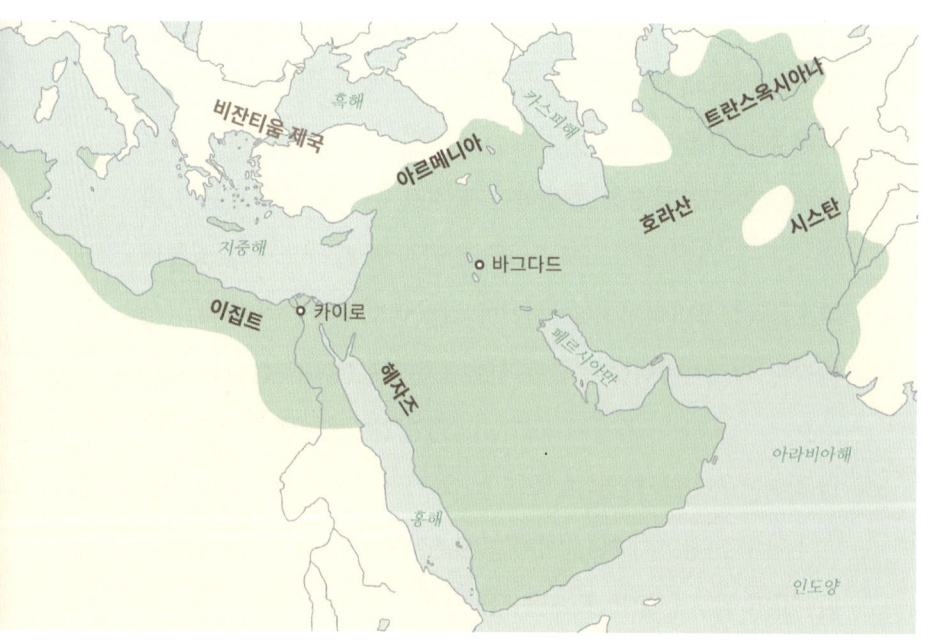

압바스 제국 전성기

근위병이었던 맘루크들이 권력을 이용해 칼리프 선출에 개입하는 등 국가를 혼란스럽게 했죠.

왕권이 약화되자 지방 군벌들이 난립했고, 북아프리카 서쪽에서 시아파가 독립해 파티마 왕조를 건국했습니다. 이베리아반도에 있던 압둘라흐만 3세도 스스로를 칼리프라 칭하며 제국은 세 개의 칼리프 국가로 분열했습니다. 일련의 혼란 속에서 중앙아시아의 여러 호족이 부하라 왕조, 카라한 왕조, 가즈나 왕조 등을 건국하며 지역 권력을 구축했죠.

945년 부와이흐 왕조가 바그다드를 정복하면서 압바스 왕조는 명목상으로만 칼리프를 유지하는 빈껍데기 왕조로 전락했습니다. 이후 969년에는 파티마 왕조가 동쪽 이집트 지역까지 세력을 확장해 카이로를 수도로 삼았죠. 그렇게 압바스 왕조는 실권을 잃고 셀주크 (튀르크) 제국의 지원 아래 명목상으로만 존속하게 되었습니다.

1055년, 셀주크 제국은 바그다드에 입성해 압바스 왕조의 칼리프로부터 세속 군주인 술탄으로 인정받고 이슬람 제국의 새로운 수호자로 자리매김했습니다. 이제 압바스 왕조는 세속 통치권을 셀주크 왕조에 넘겨주고 대신 군사적 보호를 받으며 칼리프라는 종교적 지위만을 유지하게 되었죠.

셀주크 제국은 1071년 비잔티움 제국의 로마노스 4세와 벌인 만지케르트 전투에서 승리해 아나톨리아반도까지 진출했습니다. 이 전투는 아나톨리아반도의 이슬람화를 촉진한 결정적 사건으로, 이후 유럽 기독교 세계가 십자군을 준비하는 계기가 되었죠.

1258년, 몽골 제국의 훌레구가 바그다드를 점령하고 마지막 칼리프 알 무스타심을 처형하면서 제1기 압바스 왕조는 종말을 맞이했습니다. 이후 1261년부터 1517년까진 이집트 카이로에서 맘루크 왕조의 지원으로 '카이로 압바스 왕조'가 재건되었지만, 실질적 권력이 없는 상징적 칼리프 직에 불과했습니다.

결국 1517년 오스만 제국의 제9대 술탄 셀림 1세가 맘루크 왕조를 정복하면서 허울뿐인 칼리프 지위마저 빼앗았고, 그때부터 칼리프 지위는 아랍이 아닌 튀르크족이 계승했습니다.

압바스 왕조는 군사적으로 강력한 왕조는 아니었으나, 다양한 민족과 문화가 융합된 다채로운 왕조였습니다. 아랍인의 개념을, 종족적 차원에서 벗어나 아랍어를 사용하고 이슬람을 믿으며 아랍인을 자칭하는 모든 사람을 포함하는 넓은 개념으로 확장시켰죠. 오늘날 중동 세계를 묶어낸 시초가 바로 압바스 왕조라고 할 수 있겠습니다.

십자군을 막아선
이슬람의 영웅

'아이유브 왕조'의 등장 배경은 십자군 전쟁에 기반합니다. 제2차 십자군 전쟁이 끝난 후 레반트 지역은 현 이라크 모술 지방을 중심으로 하는 셀주크 튀르크계 호족 누르 앗 딘 정권, 예루살렘을 기반으로 하는 예루살렘 왕국, 이집트를 통치하던 파티마 왕조까지 삼파전이 전개되고 있었습니다.

당시 가장 약체였던 파티마 왕조에선 치열한 왕권 다툼이 벌어지고 있었는데, 누르 앗 딘 무하마드가 살라흐 앗 딘 유수프(살라딘)의 삼촌인 아사드 앗 딘 시르쿠를 보내 왕권 다툼을 정리하고 이집트를 차지하고자 했습니다.

이에 파티마 왕조는 예루살렘 왕국에게 원조를 요청했고 예루살렘 왕국이 개입하면서 일단 파티마 왕조는 명맥을 이어 갈 수 있었죠.

하지만 몇 년 후 똑같은 일이 다시 한번 벌어졌고 이번에는 시르쿠가 이집트에서 십자군을 몰아내는 데 성공합니다. 그렇게 시르쿠는 사실상 파티마 왕조를 접수했지만, 1169년 즉위 두

살라딘

달 만에 사망하고 말았죠.

파티마 왕조의 권력 공백을 막고자 누르 앗 딘은 시르쿠의 조카 살라딘을 파견했습니다. 그는 카이로에 성을 쌓고 외부 공격에 대비하면서 전쟁을 준비했고, 1171년에는 허울뿐인 파티마 왕조를 무너뜨리고 아이유브 왕조를 개창하기에 이르죠.

이제 중동은 시리아의 누르 앗 딘과 이집트의 살라딘, 예루살렘 왕국까지 이른바 삼국지가 확립되었는데, 누르 앗 딘이 3년 후인 1174년에 사망합니다. 그의 아들은 어린아이였기 때문에 그 혼란을 틈타 살라딘이 누르 앗 딘 정권의 핵심 요충지 다마스쿠스를 공격해 차지합니다.

같은 해 예루살렘 왕국의 아말릭 1세도 사망했고 후계자들마저 장기 집권을 이어가지 못하고 연이어 사망하자, 1187년 하틴(현 이스라엘 북부 갈리리 지역) 전투에서 살라딘이 예루살렘 왕국마저 제압합니다.

살라딘은 실력도 출중했지만 운도 잘 따라줬는데, 그 결과 레반트 지역의 최고 지도자가 되었습니다. 하지만 예루살렘 함락에 충격을 받은 유럽은 이를 되찾고자 제3차 십자군 원정을 준비했죠.

당시 영국의 플렌테저넷 왕조 리처드 1세와 프랑스 카페 왕조의 필리프 2세는 전쟁 중이었는데, 휴전 협정에 조인하고 제3차 십자군 원정에 참여하기로 했습니다. 신성 로마 제국의 프리드리히 1세마저 원정에 참여하기로 결정했죠.

1189년 프리드리히 1세가 먼저 콘스탄티노플로 떠났지만 아나톨리아반도의 괴크수(현 튀르키예 메르신주)강을 건너다 익사하고 말았습니다. 이듬해 1190년 영국의 리처드 1세와 프랑스의 필리프 2세가 이스라엘의 아크레로 출발했고요.

당시 아크레에선 이미 1년 전부터 예루살렘 왕국의 잔존군이 살라딘에 맞서고 있었습니다. 때마침 십자군 원군이 도착해 아크레를 정복할 수 있었습니다. 하지만 국내 이슈와 건강상 문제로 필리프 2세는 프랑스로 돌아갔고 리처드 1세만 팔레스타인으로 진군해야 했습니다.

1191년, 리처드 1세는 예루살렘까지 진군했지만 결국 함락하지 못하고 후퇴했습니다. 이후 리처드 1세는 살라딘과 협상을 통해 3년 휴전을 약속했습니다. 대신 협정에 따라 기독교 순례자들이 예루살렘을 방문할 수 있게 되었죠. 협정 2년 후 살라딘은 열병으로 사망하고 말았습니다.

살라딘 사후 아이유브 왕조의 지도자들은 광범위한 통치지역을 유지하고자 왕자들을 파견하며 지방분권 정책을 펼쳤습니다. 하지만 권력 다툼의 씨앗이 되어 13세기 초 맘루크 병사들에게 권력을 넘기는 계기가 됩니다.

시간이 흘러, 제6차 십자군 전쟁에서 신성 로마 제국의 프리드리히 2세는 아이유브 왕조의 술탄 알 카밀과 외교 협상을 통해 기독교 세력이 향후 10년간 예루살렘을 통치하기로 합의했습니다. 10년의 시간이 흘러 1239년이 되었고, 남아 있던 십자군은 이슬람의 공격을 막아내고자 예루살렘에 성벽을 쌓고 대비했습니다.

프리드리히 2세와 알 카밀의 만남

그런데 그때 급격한 외부 충격이 발생합니다. 몽골의 칭기즈 칸이 화레즘 제국을 공격하면서 화레즘 제국이 점점 서쪽으로 밀려나고 있었던 겁니다.

그 결과, 1244년 화레즘 제국과 아이유브 왕조가 동맹을 맺고 예루살렘을 점령했습니다. 예루살렘 함락은 다시 한번 유럽에 큰 충격을 줬고, 제7차 십자군 원정의 원인이 되죠.

프랑스의 젊은 국왕 루이 9세가 출전해 이집트의 다미에타를 점령합니다. 이후 아이유브 왕조의 심장부인 카이로로 진군했죠. 하지만 1250년 만수라 전투(현 이집트 다칼리야주)에서 대패하며 후퇴해야 했습니다.

전투에서 맘루크 병사들의 활약이 대단했지만, 아이유브 왕조의 술탄 알 무잠 투란 샤는 바이바르스를 비롯한 맘루크 병사들에게 제대로 된 보상을 하지 않았습니다.

불만이 쌓인 맘루크 병사들이 쿠데타를 일으켜 투란 샤를 죽여버렸죠. 그렇게 아이유브 왕조는 멸망하고 이집트에 맘루크 왕조가 개창되었습니다.

아이유브 왕조는 1171년, 쿠르드족 출신 장군 살라딘이 파티마 왕조를 몰아내고 이집트에서 세운 왕조입니다. 아이유브라는 이름은 살라딘의 아버지 이름에서 유래하며, 아이유브 왕조는 경제력을 키우고 군사력을 발전시킨 경우가 아니라 군사적 역량과 정치적 리더십을 바탕으로 권력을 확보한 경우입니다. 보통의 제국 발전 모델과는 다른 길을 걸었죠. 이는 맘루크 왕조와 비슷합니다.

아이유브 왕조는 1171년부터 1250년까지 80여 년간 지속되어 존속 기간이 길진 않지만, 이집트뿐만 아니라 시리아에서 상부 메소포타미아까지 광범위한 지역을 통치했습니다.

십자군 전쟁 시대 유럽에 맞선 핵심 중동 세력으로 빼놓을 수 없는 왕조이지요. 그와 동시에 시아파였던 파티마 왕조를 무너뜨리고 이집트를 수니파 이슬람으로 되돌린 역사적 의미도 가집니다.

검과 돈으로 이룩한 이슬람의 새로운 수호자

맘루크는 아랍어로 '소유된 자', 즉 노예 정도의 뜻을 갖고 있습니다. 9세기경 압바스 왕조 시기, 왕조의 권력이 약해지고 호족이 창궐하자 압바스 왕조는 권력을 유지하고자 중앙아시아와 카프카스 지역 출신의 노예들을 병사로 고용했습니다.

그들은 실제로는 압바스 왕조 내에서 우대받으며 군사 훈련을 받을 수 있었고, 전투에서 활약하기에 따라 높은 신분 상승의 기회도 있었습니다. 맘루크 노예 용병들의 출신지는 중앙아시아와 캅카스 지역이지만, 유목민들은 자유롭게 초원을 넘나들었기 때문에 점점 몽골을 비롯한 다양한 민족 출신들이 섞였을 것으로 추정합니다.

　맘루크들은 전쟁에서의 활약과 더불어 충성심으로 단순한 용병을 넘어 왕조의 권력 중심부로 다가섰습니다. 10세기 초에 이르면 이슬람 군대의 핵심 전력으로 왕조 내에서 정치적 영향력을 행사하기 시작했죠.

　특히 12세기 살라딘이 건국한 아이유브 왕조 시기가 되자 맘루크 병사들의 활약이 더욱 두드러졌습니다. 이제 맘루크는 아이유브 왕조 내에서 군사뿐만 아니라 정치의 영역에서도 빼놓을 수 없는 핵심이 되었습니다.

　특히 아이유브 왕조 말기인 1249년, 제7차 십자군이 이집트를 침입했을 때 맘루크들은 맹활약했습니다. 그러나 전투 후에 적절한 보상이 따르지 않았죠.

　맘루크 병사들로선 반기를 들지 않을 수 없었습니다. 그 결과 1250년 5월, 맘루크들이 아이유브 왕조의 마지막 술탄을 살해하면서 아이유브 왕조는 멸망하고 말았습니다.

　이후 권력 공백이 발생했고 투란 샤의 계모인 샤자르 알 두르가 임시 섭정이 되었습니다. 그녀는 맘루크 지휘관 중에서 아이바크를 선택해 맘루크 왕조의 초대 술탄으로 세웠죠.

　그렇게 '바흐리 맘루크 왕조'가 시작되었습니다. 여기서 바흐리는 강이라는 뜻으로, 나일강 주변에 주둔하던 맘루크 부대를 말합니다.

한편 아이바크보다 유명했던 맘루크 지휘관 바이바르스는 아이바크 정권에서 소외되어 시리아로 망명했지만, 1257년 샤자르 알 두르가 아이바크를 암살한 후 발생한 권력 투쟁 과정에서 1260년 결국 술탄의 자리에 올랐습니다.

바이바르스는 같은 해 몽골군과 벌어진 아인잘루트 전투에

맘루크 제국 기병

서 맘루크군을 이끌고 승리를 거두며 자신의 위치를 확고히 했죠. 그는 몽골의 전술을 연구하고 받아들여 강력한 기병 전력을 구축할 수 있었습니다.

무적을 자랑하던 몽골군이 바이바르스에게 패배하면서 더 이상 서쪽으로 진출할 수 없게 되었고 점차 쇠퇴하기 시작했습니다. 반면 전투에서 승리한 맘루크 왕조는 다마스쿠스를 비롯한 시리아 일대를 모두 장악하고 바닷길을 통제하며 중개 무역으로 엄청난 부를 쌓았습니다.

바이바르스는 장기 집권을 위해 노예 왕조의 정통성을 확보할 필요가 있었습니다. 따라서 1261년경 훌레구가 바그다드를 함락하면서 없애버린 칼리프 직을 부활시켰습니다. 그는 압바스 가문의 후예를 카이로로 불러 칼리프 직을 맡겼지만, 당연히 허수아비였고 아무런 실권이 없었습니다.

그때부터의 칼리프를 '카이로 압바스조 칼리프'라고 부르고 그 이전을 '바그다드 압바스조 칼리프'라고 부릅니다. 이제 정통성을 갖고 안정적 통치가 가능해진 바이바르스는 이후 십자군 세력, 일 칸국 등과 맞서며 왕조의 전성기를 구가했습니다.

바이바르스는 1277년 사망했고 그의 유산을 이어받은 맘루크 술탄들은 강력한 군사력을 바탕으로 주변의 해상 무역을 장악하며 제국으로 발전합니다.

아이유브 왕조와 함께 맘루크 왕조 역시 강력한 군사력을 바탕으로 주변 무역권을 장악하고 경제력을 쌓은 왕조라 할 수 있습니다. 맘루크 왕조는 두 시기로 구분합니다.

바흐리 맘루크 왕조(1250~1382년): 주로 튀르크계 맘루크들이 지배한 시기

부르지 맘루크 왕조(1382~1517년): 주로 체르케스계 맘루크들이 지배한 시기

시간이 흘러 1453년, 오스만 제국에게 비잔티움 제국의 콘스탄티노플이 함락되면서 맘루크 왕조도 오스만 제국으로부터 위협을 받기에 이릅니다.

그들은 오스만의 위협에 맞서 성벽과 요새를 강화하며 대비했는데, 예상치 못한 위험에 노출되며 멸망의 길을 걷게 됩니다. 대항해 시대를 열어젖힌 포르투갈이 인도양 진출에 성공하면서 맘루크 왕조의 동방 무역을 위협한 것이었습니다.

1498년 바스코 다 가마가 인도 캘리컷에 도착한 후 인도양의 제해권을 두고 맘루크 왕조와 맞섰습니다. 맘루크 왕조는 자체적으로는 해군이 부족했기 때문에 오스만 제국, 인도 토착 세력과 연합해 맞서야 했죠.

디우 해전 승리 기념 서명

그렇게 벌어진 전투가 바로 1509년 인도 디우 앞바다에서 펼쳐진 디우 해전입니다.

강력한 대포와 화약 무기로 무장한 포르투갈이 맘루크 연합군에 승리하며 인도양의 패권을 차지했습니다. 포르투갈의 승리는 맘루크 왕조의 향신료 무역과 관련한 경제적 기반을 무너뜨렸고, 곧장 왕조의 쇠퇴로 이어졌죠.

특히 포르투갈은 홍해와 페르시아만에서 무슬림의 무역로를 철저하게 차단함으로써 유럽과 아시아를 잇는 해상무역 네트워크를 독점했습니다.

경제적 위기는 맘루크 왕조의 내부 권력 다툼을 심화시켰고, 자연스럽게 군사력 약화로 이어졌습니다. 오스만 제국은 맘루크 왕조의 혼란을 놓치지 않았죠.

형제와 조카를 죽이고 즉위할 만큼 냉혈한이었던 오스만 제국의 셀림 1세는 1516년 8월 마르즈 다비크(알레포 근처) 전투에서 대포와 머스킷을 앞세워 맘루크 왕조 군대를 압도하고 시리아 지역을 점령했습니다.

승세를 잡은 셀림 1세는 이듬해 1517년 1월 카이로를 목표로 남하해 다시 한번 맘루크 왕조 군대를 대파하고 부르지 맘루크 왕조의 마지막 술탄을 처형했죠. 그렇게 맘루크 왕조는 멸망하고 말았습니다.

맘루크 왕조는 중앙아시아와 카프카스 출신의 노예 군사 집단, 즉 맘루크들이 권력을 장악하며 세운 독특한 군사 왕조였습니다. 일반 왕조와 달리 혈통이나 경제력이 아닌 강력한 군사력과 전투 경험을 기반으로 정치적 영향력을 확보했죠. 권력 투쟁이 빈번했지만, 압바스 왕조 허수아비 칼리프를 카이로로 불러 정통성을 확보하는 등 정치적 유연성을 발휘했습니다.

중동 역사에서 맘루크 왕조는 노예 출신 군사 엘리트가 권력을 장악하고 군사·정치·경제를 유기적으로 운영한 특이한 사례로 볼 수 있습니다.

이슬람 문명의 방향을 바꾼 셀주크 제국

'셀주크 제국'은 비교적 덜 알려진 국가지만, 11세기 중반부터 약 1세기 동안 튀르키예를 중심으로 중동 지역을 지배하며 이슬람 세계에 큰 영향을 미친 중요한 제국입니다.

셀주크 제국을 이해하면 '칼리프'라는 종교 지도자와 '술탄'이라는 정치 지도자가 왜 분리되었는지 명확하게 구분할 수 있습니다.

압바스 왕조는 750년에 우마이야 왕조를 무너뜨리고 칼리프제를 이어갔지만, 당시 튀르크족은 중앙아시아 여러 지역에 흩어져 살면서 압바스 왕조의 지배를 받는 상황이었습니다.

저스티스의
한 뼘 더 깊은 세계사
(중동 편)

시간이 흘러 960년경, 셀주크라는 족장이 이끄는 튀르크족의 한 부족이 현재의 사마르칸트 북쪽에 있는 젠드 지역을 본거지 삼아 세력을 확장하기 시작했습니다.

셀주크의 손자 투으룰과 차으르 형제는 점차 세력을 확대해 나갔고, 1037년에는 가즈나 왕조를 격파하며 독립 세력이 되었죠.

이후 1040년 단다나칸 전투에서 가즈나 왕조를 결정적으로 격파해 페르시아 지역 대부분을 점령했습니다. 1055년에는 당시 부와이 왕조의 지배하에 있던 압바스 왕조의 수도 바그다드를 정복했고요.

압바스 왕조의 칼리프 알 카임은 강력한 셀주크 제국과의 협력을 모색했고, 셀주크 제국의 지도자 투으룰에게 이슬람 세계의 최고 정치 지도자를 뜻하는 '술탄'이라는 새로운 지위를 제안했습니다.

부와이 왕조보다 더 강력한 셀주크 제국을 무력으로 제압할 수 없었던 압바스 왕조의 정치적 책략이었습니다. 셀주크 제국이 제안을 받아들인다면, 압바스 왕조는 당시 가장 강력한 군사 강국인 셀주크를 우호 세력으로 삼을 수 있는 이점이 있었습니다.

한편 투으룰은 이미 이슬람교를 믿고 있었지만, 튀르크족

셀주크 제국

출신이기 때문에 이슬람 세계에서 정통성을 확보할 필요가 있
었습니다. 그런 의미에서 압바스 왕조가 필요했죠.

그렇게 압바스 왕조 칼리프의 제안을 받아들였고, 셀주크
제국은 공식적으로 이슬람 세계에서 정치적 정통성을 인정받게
되었습니다. 그때부터 '술탄'이라는 직위가 생겼으며, 초대 술탄
은 투으룰이 되었습니다.

탄력을 받은 셀주크 제국의 확장은 계속되었습니다. 투으
룰의 후계자인 알프 아르슬란은 아나톨리아반도를 주요 목표로
삼았죠. 11세기 중반부터 비잔티움 제국과의 전투가 벌어졌으

며, 그중에서 1071년 만지케르트 전투는 매우 중요한 사건이라 할 수 있습니다.

만지케르트 전투에서 알프 아르슬란의 군대는 유목민 특유의 후퇴, 매복, 기습 전술을 활용해 비잔티움 제국의 군대를 압도적으로 무찔렀고, 비잔티움 황제 로마노스 4세를 포로로 잡았습니다.

이 승리로 아나톨리아반도는 튀르크족의 이주가 촉진되었죠. 수많은 그리스인이 빠져나가고 튀르크인들이 대규모로 이주해 정착하면서 이슬람 문화도 뿌리내리기 시작했습니다.

하지만 알프 아르슬란이 사망한 후 셀주크 제국 내부에선 왕위 계승 문제로 혼란이 발생했고, 그 틈을 타 유럽이 제1차 십자군 원정을 시작했습니다.

1096년 프랑스, 이탈리아, 서부 독일 지역에서 출발한 십자군은 콘스탄티노플에 집결한 후, 안티오크를 지나 예루살렘을 정복했죠. 이후 기독교와 이슬람은 약 200년, 제9차에 걸쳐 간헐적으로 전쟁을 벌이며 예루살렘을 두고 치열한 투쟁을 계속했습니다.

그러나 결국 십자군은 예루살렘을 완전히 지배하지 못했고 오히려 제4차 십자군은 같은 기독교 세력인 비잔티움 제국의 콘스탄티노플을 점령해 라틴 제국을 세우기도 했습니다.

만지케르트 전투

한편 1128년, 중앙아시아에서 새롭게 등장한 강자 카라 키타이(서요)가 몽골의 압박을 피해 서진하면서 셀주크 제국의 동쪽 경계를 위협하기 시작했습니다.

1141년 카트완 전투에서 셀주크 제국이 카라 키타이에게 패배하면서 제국은 급격히 쇠퇴의 길을 걸었고, 결국 1157년에 멸망하고 말았습니다. 이후 셀주크 제국 대부분의 영토는 새롭게 부상한 화레즘 제국에게 넘어갔죠.

그러나 셀주크 제국이 무너졌다고 해서 튀르크족의 역사가 끝난 건 아니었습니다. 1071년 만지케르트 전투 이후, 셀주크 튀르크족의 한 분파가 1077년 콘야를 중심으로 '룸 술탄국(룸 셀주크)'을 건국합니다.

로마 지역에 세워진 튀르크 국가를 의미하는데, 비잔티움 제국의 잔존 세력과 싸우며 1176년 미리오케팔론 전투에서 대승을 거뒀고 곧 전성기를 맞이했죠. 이 전투에서 비잔티움 제국은 1071년 만지케르트 전투에서의 실수를 반복하며 또다시 패배하고 말았습니다.

룸 셀주크는 한동안 번영했지만, 1243년 몽골의 침략으로 큰 타격을 받았습니다. 쾨세다흐 전투에서 몽골군에 완패한 이후 1308년까지 열한 명의 술탄이 통치했지만, 모두 몽골의 꼭두각시에 불과했습니다.

그 혼란의 시기에 튀르크족의 여러 분파가 세포 분열하듯 나뉘어 아나톨리아반도 곳곳에 크고 작은 나라들을 건국했습니다. 그중 하나가 바로 훗날 600년 대제국을 건설하는 오스만 제국입니다.

셀주크 제국은 아랍인이나 페르시아인이 아닌 튀르크계 유목 민족이 세운 왕조임에도 불구하고, 이슬람 세계에서 정치와 문명의 방향을 바꾼 중요한 전환점을 마련했습니다.

특히 술탄 개념을 도입해 종교 권위자인 칼리프와 분리된 세속 통치 체계를 확립함으로써 이후 이슬람 정치 질서에 깊은 영향을 줬고요. 또한 페르시아 문화를 바탕으로 학문과 행정 제도를 정비하고 마드라사 제도로 이슬람 학문의 기반을 확고히 했습니다.

셀주크 제국은 단순한 정복 왕조를 넘어, 중세 이슬람 세계의 정치 구조와 문명 발전을 이끄는 데 핵심 역할을 한 왕조라고 평가할 수 있습니다.

몽골 제국과 충돌한
운명의 화레즘 제국

'화레즘 제국'은 지역 이름이 국가명으로 발전한 사례입니다. 화레즘 지역(현 우즈베키스탄, 투르크메니스탄)은 아랄해 남쪽 아무다리야강 하류에 위치하는 비옥한 충적지 일대로, 농경과 목축이 모두 가능한 지역을 말합니다.

고대로부터 실크로드의 핵심 요충지였기 때문에 화레즘 지역을 차지하고자 전쟁이 끊이지 않았습니다. 화레즘 지역을 차지하면 동서양을 잇는 중개 무역으로 엄청난 부를 차지하고 제국으로 발전할 수 있었기 때문이었죠. 셀주크 제국도 화레즘 지역을 일시적으로 장악하면서 그 이점을 누렸습니다.

화레즘 제국은 11세기 후반부터 약 1세기 반 동안 셀주크 제국에 이어 화레즘 지역을 통치했습니다. 과거 페르시아 민족의 주된 활동 무대였지만, 워낙 지리적 이점이 많은 곳이기 때문에 가즈나 왕조, 카라한 왕조와 같은 튀르크계 국가들도 화레즘 쟁탈전에 뛰어들었죠.

그중 가장 먼저 화레즘을 차지한 국가는 셀주크 제국이었습니다. 맘루크 출신의 장군 아누쉬테킨을 1077년 총독으로 파견했는데, 그 시점을 화레즘 왕조의 출발점으로 보는 견해가 일반적입니다.

이후 화레즘이 제국으로 발전하는 건 1141년에 셀주크 제국이 사마르칸트 인근의 카트완 전투에서 동쪽에서 등장한 카라 키타이에게 패배하면서입니다. 셀주크 제국이 패배하면서 화레즘에게 독립의 기회가 찾아온 거죠.

화레즘의 제3대 샤 아트시즈가 셀주크 제국의 동쪽 경계를 공격해 점령했고 1157년 셀주크 제국의 술탄 아흐마드 산자르가 사망하자 화레즘은 제4, 5대에 걸쳐 셀주크 제국을 공격해 거대한 페르시아 땅 대부분을 차지했습니다. 그렇게 화레즘 제국은 제5대 샤 알라 웃딘 테키시 시대에 제국으로 발돋움하죠.

당시 화레즘의 강력한 라이벌은 셀주크 제국을 물리쳤던 카라 키타이였습니다. 1208년 화레즘 제국은 또 다른 튀르크족

화레즘 제국 제5대 샤 테키시

국가인 카라한 왕조와 연합해 탈라스 평원에서 카라 키타이를 물리쳤습니다. 승리의 대가로 동서 교역의 요충지인 부하라와 사마르칸트를 차지할 수 있었죠. 이후 화레즘 제국은 실크로드를 완벽히 장악하며 발전을 거듭했습니다.

　　화레즘은 이제 바그다드에 있는 수니파 최고 권위자인 압바스 왕조의 칼리프 지위까지 넘볼 정도로 커졌습니다. 그러나 이 행동은 화레즘 제국 내 다수를 차지하던 수니파 무슬림들의 반발을 사면서 그들 중 일부가 제국을 이탈하는 결과를 초래하고 말았습니다. 13세기 초 몽골의 칭기즈 칸이 쳐들어왔을 때 화레즘 제국이 통일된 힘으로 대항하지 못하고 붕괴되는 중요한 원인 중 하나로 작용했죠.

한편 1204년 나이만 부족과의 전투를 마지막으로 칭기즈 칸이 몽골 초원을 통일하고, '예케 몽골 울루스'라는 몽골 제국을 건국했습니다.

이제 몽골에게 필요한 건 동서 교역의 요충지인 사마르칸트를 차지해 실크로드를 장악하는 것이었죠. 칭기즈 칸은 먼저 교역을 위한 사절단을 파견해 정찰하기 시작했습니다.

하지만 화레즘은 몽골 사절이 국경 도시 오트라르에 도착했을 때 모두 처형합니다. 몽골이 교역을 핑계로 첩자를 보내 염탐했기 때문에 처형한 거라 주장했죠. 화레즘 입장에선 이미 교역의 중심지인 화레즘 지역을 차지하고 있었기 때문에 굳이 몽골과 협상을 할 이유가 없었습니다.

하지만 화레즘은 몽골이 몽골 초원을 모두 통일한 신흥 강국이라는 사실을 정확히 판단하지 못했습니다. 칭기즈 칸은 화레즘에 사신을 보내 사절단을 처형한 인물에 대한 신병을 요구했지만 거절당했고 사신마저 처형당하고 말았습니다.

1220년, 복수를 결심한 칭기즈 칸은 20만 대군으로 출병합니다. 오트라르에 도착한 몽골군은 무자비한 파괴와 약탈을 자행했죠. 오트라르는 몽골군의 공격을 당해낼 수 없었습니다. 부하라와 수도 사마르칸트도 초토화되었고요. 불과 1년 만에 화레즘 동부가 모두 점령되었죠.

화레즘 샤는 서쪽 카스피해 방면으로 도망치다 사망했고, 화레즘 제국은 그렇게 무너지고 말았습니다. 화레즘이 멸망하면서 화레즘의 일부 병력은 이집트로 망명해 맘루크 왕조 성립에 역할을 했고요.

화레즘 제국과 몽골 제국의 대결은 두 가지 점에서 역사적 의미가 있습니다.

첫 번째 역사적 의미는 몽골 제국이 군사뿐만 아니라 사회 전반에 걸쳐 세계 제국으로 올라서는 발판이 된 전쟁이라는 점입니다. 당시까지 몽골은 정주 문명을 공격할 경우 초토화 전술을 펴고 돌아갔습니다. 초토화된 지역이 복구되면 다시 와서 부수고 약탈하면 된다고 생각했죠. 그 어떤 정책도 타 문화에선 배울 게 없다는 자신감에서 비롯되었습니다.

하지만 화레즘을 정복한 이후 몽골은 변화를 선택했습니다. 회계나 재무에 출중한 능력이 있던 무슬림 색목인을 등용해 통치에 이용한 것이죠. 색목인은 몽골 제국 내에서 중국 대륙의 한인과 구분된 중앙아시아계 무슬림들을 말합니다. 그들은 몽골 제국의 화폐, 세금 정책을 관리하고 실크로드 상에 난립한 통행세, 관세를 정리해 원활한 교역이 이뤄지도록 도왔습니다.

두 번째 역사적 의미는 9세기 이후 계속해서 진행되던 중앙아시아의 튀르크화, 이슬람화가 멈췄다는 점입니다. 셀주크 제국과 압바스 제국을 굴복시킨 화레즘 제국의 붕괴로 이슬람 세계의 중추가 무너지자 몽골 제국은 큰 저항 없이 바그다드의 압바스 왕조를 무너뜨릴 수 있었죠. 만약 그때 몽골이 화레즘에게 패배했다면 몽골의 서아시아나 유럽 진출은 불가능했거나 훨씬 어려워졌을 것입니다.

몽골의 그림자,
이슬람에 드리우다

칭기즈 칸으로 불리는 테무친은 1162년 몽골 고원 헨티산맥의 오논강 유역에서 태어났습니다. 그는 보르지긴 씨족의 부족장이었던 아버지 예수게이를 일찍 여의고 홀어머니 슬하에서 성장했습니다. 어린 시절부터 힘든 시기를 보낸 테무친은 자신을 따르는 부족과 가족을 지키고자 끊임없이 투쟁했습니다.

테무친은 18세가 되던 1180년경, 아버지의 안다(의형제)였던 옹 칸을 찾아가 그의 휘하에서 전쟁과 통치술을 배우며 군사적 재능을 키웠습니다. 이후 수십 년간 여러 부족과 연합을 맺고 전쟁을 치르며, 경쟁자들과 치열한 권력 투쟁을 벌였죠. 44세가 되던 1206년에 마침내 몽골 초원을 통일해 '위대한 군주'라는 의미로 칭기즈 칸이라는 칭호를 받았습니다.

칭기즈 칸은 초원을 통일한 후 동쪽으로는 금나라를 공격

칭기즈 칸의 칭호를 받는 테무친

하고, 서쪽으로는 카라 키타이와 화레즘 제국을 정복하면서 대제국을 건설했습니다.

그의 서방 원정은 1219년 시작되어 중앙아시아와 서아시아의 많은 지역을 점령했고 1227년 사망할 때까지 계속되었죠. 칭기즈 칸 사후 제국은 아들들에게 나뉘어 권력 다툼이 이어졌으나, 결국 셋째 아들 우구데이가 1229년에 제2대 대칸으로 즉위했습니다.

우구데이는 몽골 제국이 계승 문제를 겪는 동안 화레즘 제국이 페르시아 지역에서 세력을 모으고 있다는 소식을 접했습니다. 그는 초르마칸 노얀 장군에게 약 3만 명의 병사를 주며 화레즘 제국의 잔존 세력을 제거하도록 명령하죠.

초르마칸은 아제르바이잔(현 이란 북서부) 지역에 도착해 화레즘의 계승자 잘랄 웃딘 밍부르누를 추격했습니다. 잘랄 웃딘은 아나톨리아반도로 도망쳤지만 현지 농민들에게 살해당하고 말았죠. 초르마칸은 이후 페르시아 지역의 몽골 사령관으로 활약하며 몽골 제국의 서쪽 영토를 확고히 했습니다.

하지만 1241년 우구데이가 갑작스럽게 사망하면서 몽골 제국은 또다시 후계자 문제로 혼란에 빠졌습니다. 1246년, 우구데이의 아들 구육이 제3대 대칸으로 즉위했으나 재위 2년 만에 사망하면서 제국은 다시 계승 분쟁에 휩싸였죠.

1251년, 우구데이 가문과의 권력 다툼 끝에 칭기즈 칸의 막내아들인 툴루이의 아들 뭉케가 제4대 대칸으로 즉위했습니다. 뭉케는 제국의 확장을 위해 1253년에 대규모 쿠릴타이(군사 회의)를 소집하죠. 그는 둘째 동생 쿠빌라이에게 남송 원정을 명령하고, 셋째 동생 훌라구에겐 서방으로 진군해 압바스 왕조, 시리아, 이집트 정복을 명령했습니다.

훌라구는 명을 받아 서진해 1256년 시아파 분파인 이스마일파(어쌔신으로 알려져 있음)의 주요 근거지 알라무트를 공격해 일파를 제거하고 자신만의 칸국을 세웠습니다. 그는 새롭게 세운 칸국의 국호를 일 칸국으로 정했습니다.

'일'이라는 단어에 대한 해석은 학자들 사이에서 의견이 나뉩니다. 전통적으로는 몽골어로 '복종하다'라는 의미로 해석되며, 일 칸국이 대칸에게 복종하는 칸국임을 나타낸다고 합니다. 그러나 일부 학자는 '일'이 튀르크어로 '울루스'(국가, 영토)를 의미하므로, 일 칸국을 '울루스의 군주국'으로 해석해야 한다고 주장합니다.

훌라구는 이스마일파를 분쇄하고 일 칸국을 건설한 후 1258년에는 압바스 왕조의 수도 바그다드를 정복했습니다. 바그다드는 당시 이슬람 세계의 중심지였으며, 이 정복으로 압바스 왕조는 멸망하고 말았죠. 이후 훌라구는 시리아로 진격해 많은 지역을 점령했습니다. 이제 그의 원정 목표는 하나만 남았으니, 바로 이집트 정복이었습니다.

당시 이집트는 맘루크 왕조가 지배하고 있었습니다. 맘루크 왕조는 러시아 초원에서 이슬람 세계로 팔려온 노예 출신의 용병들로 이뤄진 군주국이었죠. 그들은 몽골군과 비슷한 기병 전술을 사용했습니다. 맘루크군은 철저하게 군사 훈련을 받

일 칸국

았으며, 전투력에서 몽골군과 대등한 수준이었습니다. 훌라구는 이집트 원정이 쉽지 않을 거란 걸 알고 있었습니다.

그런데 이집트 원정을 준비하던 사이에 뭉케 대칸이 남송 원정 중 사망했다는 소식이 전해졌습니다. 동시에 그의 형 쿠빌라이와 동생 아릭 부케 사이에 대칸 계승 전쟁이 벌어졌다는 소식도 들렸습니다.

훌라구는 이집트 원정을 부장 키트부카에게 맡기고, 몽골로 돌아가 계승 문제를 지켜보기로 결정했습니다. 하지만 그는 완전히 귀환하지 않았고 중간에 머물러 양측의 승자를 지켜봤습니다.

홀로 남겨진 키트부카는 약 2만 명의 몽골 원정군을 이끌고 맘루크 왕조와 맞서 싸웠지만, 1260년 아인 잘루트 전투에서 결정적 패배를 당하고 맙니다. 이 전투는 몽골 제국이 처음으로 큰 패배를 당한 경우로, 일 칸국의 서쪽 경계가 정해지는 결정적 사건이었습니다.

이후 훌라구는 아제르바이잔으로 돌아와 맘루크 왕조, 킵차크 칸국과 전쟁을 벌이면서 서부 지역에서 몽골 제국의 영향력을 유지하려 했습니다.

그러나 그가 1265년 사망하면서 일 칸국의 지도력은 약화되었습니다. 그렇게 일 칸국은 후손들에게 이어졌지만, 제7대칸인 가잔 칸 이후 실권이 점차 권신들에게 넘어갔고, 14세기 중엽에 이르러 각 지역의 호족들이 독립 지방 정부를 세우면서 해체되고 말았습니다.

이로써 일 칸국은 몽골 제국의 중요한 서부 칸국으로서의 역할을 끝마쳤습니다. 이후 중동 지역의 정치적 지형은 티무르 제국이라는 또 다른 전환기를 맞이하게 됩니다.

사마르칸트의 별,
티무르 제국의 영광과 그림자

14세기 중반, 중국 대륙을 포함한 유라시아 전역은 격변의 시기를 맞이하고 있었습니다. 몽골 제국은 전성기를 지나면서 점차 분열의 조짐을 보였고, 여러 가지 이유로 쇠퇴의 길을 걷고 있었습니다.

쇠퇴의 큰 원인 중 하나는 흑사병의 대유행이었습니다. 흑사병은 1340년대 중반부터 몽골 제국 전역을 강타해 막대한 인구 손실을 초래했고 사회적·경제적 불안정이 심화되었죠.

특히 몽골 제국의 장거리 통신과 군사 이동을 지원하던 역참제가 붕괴되어 제국의 통제력이 크게 약화되었습니다. 유라시아 각지에선 지방 세력과 부족들이 난립하는 혼란한 상황이 벌어지기에 이르렀고요.

이런 격동의 시기에 1336년 사마르칸트 인근의 케쉬(현 우즈베키스탄 샤흐리사브즈)에서 한 부족장의 아이가 태어났습니다. 그는 훗날 '정복자 티무르'로 불리며 중앙아시아를 뒤흔드는 지도자가 됩니다.

티무르는 일찍부터 뛰어난 군사적 재능을 보였고, 지략과 용맹함으로 두각을 나타냈으며, 30대 중반 무렵까지 트란스옥시아나 지역의 여러 유목 집단을 통일해 권력 기반을 다졌습니다. 트란스옥시아나는 당시 중동과 중앙아시아의 중심지로, 그곳을 장악한 건 '티무르 제국' 형성의 결정적 전환점이었습니다.

이후 티무르는 세력을 확대하고자 본격적으로 정복 활동을 시작했습니다. 1370년, 중앙아시아의 맹주 차가타이 칸국의 잔여 세력인 모굴 칸국을 정벌하면서 본격적으로 제국 건설의 길을 열었습니다.

1379년에는 화레즘 지역의 쿵그라트 왕조로부터 수도 우르겐치를, 1381년에는 아프가니스탄 지역의 중심 도시 헤라트를 점령했고, 1384년에는 칸다하르까지 제압하면서 남쪽으로도 세력을 넓혔습니다.

1395년에는 볼가강 유역의 사라이를 함락시키며 킵차크 칸국의 잔여 세력을 분쇄했고, 1398년에는 인도 북부의 델리를 정복했습니다. 델리에서의 승리는 티무르가 서아시아와 중앙아시아를 넘어 남아시아까지도 그의 세력권으로 만들고자 하는 야망을 드러낸 사건이었습니다. 1399년에는 아나톨리아 동부로 원정을 떠나 카라 코윤루(흑양부)를 격파하며 파죽지세를 이어 갔습니다.

그리고 1402년, 드디어 티무르는 오스만 제국의 제4대 술탄 바예지드 1세와 운명의 대결을 펼쳤습니다. 일드름(번개)이

티무르에게 포로로 잡혀 있는 바예지도 1세

라는 별명으로 불리던 바예지드 1세는 즉위 후 아나톨리아반도의 여러 부족 국가들을 신속히 병합하며 중앙집권적 통치 체제를 구축한 강력한 술탄이었습니다.

그는 1396년 헝가리의 지기스문트가 이끄는 유럽 연합군과의 니코폴리스 전투(후기 십자군 전쟁)에서 결정적 승리를 거두며 서유럽에서도 명성을 떨치고 있었습니다.

1402년, 앙카라 근처의 추부크 평원에서 티무르와 바예지드 1세가 맞붙은 앙카라 전투는 중세 유라시아 역사의 결정적 순간 중 하나였습니다.

티무르의 전략적 지휘와 기동력, 그리고 오스만 제국 내 일부 불만 세력들의 배신으로 바예지드 1세는 생포되고 말았죠. 오스만 제국은 일시적으로 멸망 위기에 처했고 이후 수십 년간 내분과 외세 침략 속에서 힘겹게 재건에 나서야 했습니다.

티무르는 이 승리로 자타공인 페르시아와 중앙아시아 최강자 자리에 올랐습니다. 그러나 그의 야망은 거기서 그치지 않았습니다. 1404년, 티무르는 동쪽으로 원정을 계획했습니다. 그의 최종 목표는 중국 대륙에 있는 명나라였죠. 그렇게 그는 대규모 군사를 이끌고 중국으로 향했습니다.

그러나 1405년 2월, 티무르가 시르다리야강 유역의 도시 오트라르에서 병에 걸려 사망하고 말았습니다. 그의 사망으로 티무

티무르 제국

르 제국은 곧바로 내분에 휩싸였고, 이후 그의 후계자들은 제국
을 유지하고자 치열한 권력 투쟁을 벌여야 했죠.

티무르는 중세 유라시아 역사에서 가장 뛰어난 정복자이자
전략가 중 한 명으로 평가받습니다. 그는 단순한 무력 정복에 그
치지 않고 정교한 군사 조직과 효율적 행정 체계를 구축하며, 광
대한 제국을 효과적으로 통치했습니다. 다양한 민족과 문화를
포용하는 정책으로 복잡한 지역 사회를 안정시키고 통합하려
노력했습니다.

또한 그는 문예와 학문의 후원자이기도 했습니다. 그가 통치하는 동안 사마르칸트는 동방의 문화 수도로 불릴 만큼 학문과 예술이 번성했습니다. 티무르 제국이 단순한 정복 국가가 아니라 문화적 교류의 중심지로도 기능했다는 걸 보여주죠.

한편 그는 무자비한 전쟁과 파괴로 많은 인명 피해를 초래한 폭군으로도 평가됩니다. 그의 정복 전쟁 과정에서 수많은 도시와 마을이 파괴되고 수많은 민간인이 희생되었죠. 이러한 잔혹성은 그에 대한 평가에서 긍정과 부정 양면을 동시에 갖게 하는 요인입니다.

이렇듯 티무르의 삶과 업적은 오늘날에도 복합적이고 다층적인 역사 평가의 대상이 되고 있습니다.

페르시아의 부활, 사파비 제국과 시아파의 시대

급조된 제국은 중심 인물이 사라지면 급격히 붕괴하는 법입니다. 알렉산드로스 대왕 사후 헬레니즘 제국이 그러했듯, 티무르가 사망하자 그의 제국도 곧장 분열과 쇠퇴를 맞았습니다.

티무르의 후예들은 왕조의 명맥을 이어갔지만 페르시아 전역에 걸쳐 잘라이르 왕조, 흑양부, 백양부 등 다양한 독립 정권이 출현했습니다. 그들이 서로 패권 쟁탈전을 벌이는 게 15세기 페르시아의 역사입니다.

분열의 와중에 아르다빌(현 이란령 아제르바이잔)에 정착한 사파비야(수피즘 교단) 출신의 이스마일 1세는 1501년 타브리즈

168

를 수도로 시아파 국가인 '사파비 왕조'를 건국했습니다.

이스마일 1세는 아랍의 칼리프나 술탄의 칭호를 사용하지 않고 페르시아의 전통적 칭호인 샤한샤를 사용함으로써 사파비 왕조가 페르시아 계승 국가임을 선포했죠. 페르시아와 이슬람 문화의 결합을 상징하며, 현재 이란이 시아파 중심 국가가 된 근간이 되었습니다.

이스마일 1세는 곧바로 아르메니아 지방을 정복했고 아나톨리아반도 동부에서 오스만 제국과 충돌했습니다. 이후 1510년까지 바그다드, 쉬라즈, 케르만, 헤라트와 호라산 일부를 차지하며 영토를 확장했습니다. 결정적으로 1510년 메르브 전투에서 동북 변경의 우즈베크족을 격파하고 그들을 아무다리야강 북쪽으로 몰아냈죠.

그러나 서쪽 변경에선 오스만 제국과의 갈등이 불거졌습니다. 오스만 제국은 수니파 국가로 시아파 국가인 사파비 제국을 종교적 위협이자 정치적 경쟁자로 여겼습니다.

양측이 처음으로 충돌한 건 1514년 찰디란 전투입니다. 이 전투는 총포로 무장한 오스만 제국의 압승으로 끝났고, 오스만은 사파비 왕조의 수도 타브리즈를 약탈한 후 철수했습니다.

찰디란 전투 패배 이후 이스마일 1세는 정치적으로나 심리적으로 큰 타격을 입었고, 그의 사망 이후 아들 타흐마스프 1세가 즉위했습니다.

타흐마스프 1세는 열 살에 즉위한 후 52년간 치세한 사파비 왕조 최장수 샤입니다. 그는 찰디란 전투 패배 후 분열된 제국을 수습하고 오스만 제국에 대항했습니다. 그러나 불행히도 그 시기에 오스만 제국이 쉴레이만 대제의 지휘하에 최전성기

사파비 제국

를 누리고 있었습니다.

하여 오스만 제국이 쳐들어올 때마다 타흐마스프 1세는 도시를 불태우고 후퇴하는 전술로 왕조를 유지할 수밖에 없었죠. 다행히 이러한 전략은 성공해 사파비 왕조는 명맥을 유지할 수 있었지만, 쉴레이만 대제로부터 여러 차례 침략을 받아 영토를 조금씩 상실했습니다.

1555년, 사파비 제국은 오스만 제국과 아마시아 평화협정으로 일시적 평화를 이뤘습니다. 오스만 제국이 이 평화 조약을 체결한 이유는 지속적인 전투에도 불구하고 사파비 왕조의 샤를 사로잡지 못했기 때문이었죠.

사파비 왕조는 이 조약으로 바그다드를 비롯한 여러 주요 지역을 오스만 제국에 넘겨주는 굴욕적인 결과를 받아들여야 했습니다. 그러나 오스만 제국은 해당 지역에서 시아파의 성지 순례를 허락했습니다.

1566년에 쉴레이만 대제가 사망한 후 사파비 왕조는 복수의 기회를 노렸지만, 1576년 타흐마스프 1세도 후계자를 확정하지 못한 채 사망하고 말았죠.

그러자 사파비 왕조 내부에서 계승 문제로 다툼이 발생했고 그 틈을 타 우즈베크족이 사파비 왕조의 동쪽 변경을 침범하기 시작했습니다.

아울러 1578년에는 오스만 제국이 아마시아 협정을 깨고 국경 지역을 공격했습니다. 1580년대 후반에는 우즈베크족이 사파비 왕조를 본격적으로 공격하며 호라산 일대도 큰 위기에 처했고요.

이러한 혼란 속에서 제4대 무함마드 호다반다의 아들이었던 압바스 1세가 군벌의 지지를 받아 새로운 샤로 즉위했습니다. 압바스 1세는 17세 어린 나이로 즉위했지만 유능한 군주로 성장했죠.

그는 자신을 꼭두각시로 내세우려 했던 권신들을 처형하고 권력을 장악합니다. 이후 서쪽 변경의 안정을 위해 1612년 오스만 제국과 이스탄불 조약을 맺어 타브리즈를 비롯한 일부 영토를 회복했죠.

압바스 1세는 영국인들의 도움을 받아 머스킷으로 무장한 보병대와 포병대 등 근대화된 상비군을 훈련시키며 군사력을 강화했습니다. 영국이 사파비 왕조를 도운 이유는 호르무즈 해협에서 포르투갈과 스페인이 독점해온 인도양 향신료 무역 패권에 균열을 일으키기 위해서였죠.

그렇게 약 10년 동안 제국의 내실을 다지고 군사력을 키운 압바스 1세는 1598년 수도를 카즈빈에서 이스파한으로 옮기며 반격할 준비를 끝마쳤습니다.

1603년, 오스만 제국이 합스부르크와 15년 전쟁을 치르던 혼란을 틈타 압바스 1세는 드디어 오스만 제국을 공격했습니다. 1603년 나하반드와 타브리즈를 탈환한 후 오스만 제국과 치열한 공방을 벌였고, 전쟁은 1639년까지 이어졌죠.

그와 동시에 사파비 왕조는 영국의 도움으로 페르시아만에

이탈리아인 화가가 그린 압바스 1세

서 향신료 무역을 장악하던 포르투갈 세력을 몰아내고 지중해와 인도양을 잇는 중계 무역을 독점하며 부를 쌓았습니다.

하지만 압바스 1세의 사망 이후 사파비 왕조는 쇠퇴의 길로 접어들었습니다.

정치적으로는 중동 왕조에서 흔히 발생하는 계승 분쟁과 내분이 문제였습니다. 경제적으로는 네덜란드와 영국 동인도회사가 페르시아만과 인도양 일대의 향신료 무역권을 장악하며 사파비 왕조의 경제 기반을 약화시켰기 때문이었고요. 군사적으로는 남쪽에서 아프간 부족들의 반란과 침입, 북쪽에서 팽창하는 러시아 제국의 새로운 위협에 직면하면서 위기에 빠졌기 때문이었습니다.

그렇게 정치적·경제적·군사적 요인이 복합적으로 작용하면서 18세기에 이르러 사파비 왕조는 주변국의 정복 대상으로 전락하고 말았습니다.

아울러 1722년, 아프간 부족들이 사파비 왕조의 수도 이스파한을 점령하면서 왕조는 큰 타격을 받았습니다. 사파비 왕조 몰락의 시작을 알리는 결정적 순간이었죠. 북쪽에선 러시아가 러시아-페르시아 전쟁에서 승리하며 캅카스 북쪽 지역을 점령했습니다.

내부의 혼란과 외부의 침략이 겹치면서 사파비 왕조의 영토는 점차 축소되었습니다.

사파비 왕조의 마지막 샤였던 압바스 3세는 혼란 속에서 정권을 유지하기 어려웠습니다. 그의 재위 기간 중앙 정부의 통제력이 약해졌고 이란 전역에서 군소 군벌들이 난립하며 혼란이 가중되었죠.

이러한 혼란을 정리한 인물이 바로 나디르 샤였습니다. 그는 사파비 왕조 몰락 후 등장한 군사 지도자로, 탁월한 전략가이자 야심 찬 군주였죠. 그는 아프간인들로부터 이스파한을 탈환하고 1736년 '아프샤르 왕조'를 건국했습니다. 그렇게 사파비 왕조는 역사 속으로 사라졌습니다.

나디르 샤는 중앙아시아와 인도까지 원정하며 새로운 제국을 세웠지만, 그의 통치도 내부 분열과 외부 갈등으로 오래 지속되지 못했습니다. 그의 사후 아프샤르 왕조 또한 내분과 반란으로 쇠퇴했습니다.

18세기 말에 이르자 이란은 정치적 혼란과 분열의 시기를 겪었습니다. 아프샤르 왕조 몰락 이후 잔드 왕조와 같은 군소 왕조들이 난립했으나, 이란 전역을 안정시키진 못했습니다. 이 혼란은 1794년 카자르 왕조가 등장하면서 비로소 끝이 납니다.

사파비 왕조는 이란 역사에서 시아파 이슬람을 국교로 정착시키고 페르시아의 문화를 부흥시키는 중요한 전환점을 제공했습니다. 따라서 사파비 왕조는 오늘날까지 이어지는 이란의 종교, 문화적 정체성에 결정적 역할을 한 왕조로 평가할 수 있겠습니다.

그러나 왕조 말기의 쇠퇴와 몰락은 국내적 분열과 외세 침략을 초래하며 심각한 혼란을 발생시켰고, 이후 이란이 새로운 국가를 형성하는 과정에서 많은 어려움을 겪게 만들기도 했습니다.

근대 이란의 서곡, 혼돈의 카자르 왕조

사파비 왕조의 마지막 샤였던 압바스 3세가 1736년에 폐위되면서 사파비 왕조는 역사 속으로 사라졌습니다. 이후 페르시아 지역은 여러 군벌과 지역 세력이 난립하며 약 60년간 극심한 혼란기로 빠지죠.

이 혼란 속에서 나타난 세력 중 하나가 바로 튀르크계 카자르족이었습니다. 그들은 페르시아 북서부 지역에서 강력한 군사 세력을 형성하며 부상하기 시작했죠.

카자르족의 수장이었던 아가 무하마드 샤는 이 혼란기를 틈타 세력을 확장하며 1789년 스스로를 샤라고 선언하고 이후

1796년 전국을 통일하며 '카자르 왕조'를 세웠습니다.

그는 통치 초반에 페르시아의 여러 지역을 통합하는 데 집중했는데요. 그러나 1797년 암살당했고, 그의 조카 파트 알리 샤가 제2대 샤로 즉위했습니다.

그의 통치 기간 동안 카자르 왕조는 러시아 제국과의 지속적인 충돌로 많은 영토를 상실했습니다. 1804년부터 1813년까지 10년간 이어진 러시아-페르시아 전쟁은 카자르 왕조의 패배로 끝났고 굴리스탄 조약이 체결되었죠.

이 조약으로 카자르 왕조는 조지아 동부, 아르메니아, 아제르바이잔 북부 등 남카프카스의 핵심 지역과 다게스탄 일부를 러시아에 할양하며 카프카스에 대한 통제력을 상당 부분 상실하고 말았습니다.

굴리스탄 조약은 러시아의 남하 정책에 중대한 전환점이 되어, 이를 계기로 러시아는 본격적으로 페르시아 지역 진출을 꾀했습니다. 이에 위협을 느낀 영국은 그레이트 게임으로 알려진 지정학적 경쟁에 뛰어들었죠.

그레이트 게임은 19세기부터 20세기 초반까지 영국과 러시아가 중앙아시아와 페르시아 지역에서 패권을 차지하고자 벌인 정치적·군사적 경쟁을 말합니다. 영국은 러시아의 남하에 맞서 페르시아 지역을 지키려 했으며, 그 과정에서 카자르 왕조가

오스만 제국

1813
굴리스탄 조약

1828
투르크만차이 조약

히두쿠시

아프가니스탄

흑해

카스피해

페르시아만

아라비아해

카자르 왕조	영국 영향권
카자르 왕조가 러시아에 빼앗긴 땅	러시아 영향권

카자르 왕조

서양 열강의 내정 간섭에 직면했습니다.

1826년부터 1828년까지의 제2차 러시아-페르시아 전쟁에서도 러시아가 승리하면서 투르크만차이 조약이 체결되었습니다. 이 조약으로 카자르 왕조는 카프카스 지역에서의 영향력을 거의 상실함과 더불어 굴욕적인 조건을 수용해야 했죠.

러시아는 막대한 배상금을 지급받고 페르시아 내에서 영사관을 설치하며 영사 재판권을 인정받았습니다. 이는 왕조의 주권을 심각하게 훼손한 조약으로, 카자르 국내에서 격렬한 반발을 불러일으켰습니다.

한편 카자르 왕조가 영토를 잃고 러시아와 영국에 굴복하자 왕조 내에서의 정치적 불안은 지속되었습니다. 제2대 파티 알리 샤가 사망한 후 그의 아들 무하마드 샤가 즉위했지만, 그의 통치 역시 정치적 불안과 혼란에서 벗어나지 못했죠. 러시아와의 전쟁 후유증, 경제적 어려움, 중앙 정부의 권위 약화 등으로 페르시아 전역은 심각한 혼란에 빠졌습니다.

이후 제4대 나시르 앗딘 샤는 페르시아 지역의 역사상 가장 오래 재위한 군주로 근대화를 위해 노력했습니다. 그는 유럽과 외교 관계를 강화하고 근대적 개혁을 시도했으나, 경제적 자립과 내부 개혁의 실패로 1896년 암살되고 말았습니다.

그의 사망 후 제5대 무자파르 앗딘 샤가 즉위했습니다. 그의 통치 기간에는 서구 열강의 경제적·정치적 간섭이 심화되면서 국민적 불만이 고조되었고, 결국 1905년 입헌 혁명으로 이어졌습니다. 그 결과 1906년 페르시아 역사상 최초로 헌법이 제정되었고 국회가 설립되었습니다.

그러나 그의 아들 무하마드 알리 샤는 입헌주의에 반대하며 1908년 쿠데타를 일으켜 국회를 해산시키고 입헌주의자들을 탄압했죠. 이에 반발한 입헌주의자들의 무장 봉기가 전국적으로 확대되었고, 결국 1909년 무하마드 알리 샤는 폐위되고 말

있습니다.

무하마드 알리 샤의 퇴위 이후, 그의 아들 아흐마드 샤가 카자르 왕조의 마지막 샤로 즉위했습니다. 하지만 그의 통치 기간에도 러시아와 영국의 내정 간섭, 경제적 침체가 계속되어 카자르 왕조는 회복 동력을 완전히 상실하고 말았습니다.

결국 1921년 레자 칸 장군이 쿠데타를 일으켜 정권을 장악

카자르 왕조의 제4대 나시르 앗 딘 샤

했습니다. 이어서 1925년 그는 아흐마드 샤를 공식적으로 폐위시키고 자신이 레자 샤 팔라비로 즉위함으로써 카자르 왕조는 역사 속으로 사라지고 팔라비 왕조가 설립되었습니다.

카자르 왕조는 18세기 말 혼란한 페르시아 지역을 통일하고 약 130년간 페르시아의 통치 권위를 유지했으나, 제국주의 열강의 침탈과 내부 개혁 실패 속에서 점차 쇠퇴의 길을 걸었습니다.

건국 초기에는 정치적 안정과 영토 통합에 성과를 보였지만, 19세기 들어 영국과 러시아의 이권 다툼에 휘말리며 점차 국가 주권을 잃어갔고 부패한 관료제와 미비한 개혁은 민심 이반을 심화시켰습니다. 특히 입헌 운동을 둘러싼 혼란은 왕조의 통치 정당성마저 흔들어 놓았으며, 결국 팔라비 왕조로의 정권 교체로 이어졌습니다.

카자르 왕조는 근대 이란이 직면한 외세 침략, 내부 분열, 개혁과 전통의 충돌을 집약적으로 보여주는, 이란 근대사의 분수령이 된 왕조로 평가할 수 있겠습니다.

백색 혁명부터
블랙 프라이데이까지

1921년, 페르시아 지역은 여전히 외세의 간섭과 지방 군벌 간의 분열로 혼란스러운 시기를 겪고 있었습니다. 그때 군사 지도자 레자 칸 장군이 쿠데타를 일으켜 테헤란을 점령하고 정치적 권력을 장악했죠.

그는 강력한 군사적 리더십을 바탕으로 중앙 집권을 강화했고, 1925년에는 카자르 왕조의 마지막 샤였던 아흐마드 샤를 폐위시키고 의회의 지지를 받아 레자 샤 팔라비로 즉위해 '팔라비 왕조'를 창건했습니다.

레자 샤는 페르시아의 근대화를 위해 서구식 개혁을 강력히 추진했습니다. 군대와 경찰을 현대화하고 철도와 도로를 포함한 인프라를 구축했죠. 교육 제도와 법률 체제도 유럽식으로 개혁했고요. 여성의 교육을 장려하고 베일 착용을 금지하며 전통적 종교 지도자들의 권한을 축소하려 했습니다.

그러나 종교 지도자, 부족장, 지방 귀족 등 기득권 세력들과 갈등을 초래했고, 일부 개혁은 지나치게 서구적인 것으로 간주되어 반발을 샀습니다.

그는 이전 카자르 왕조 시기 영국과 소련이 페르시아 지역을 패권 다툼의 무대로 삼고 내정에 간섭하는 것에 불만을 품고 있었습니다. 하여 영국과 소련의 견제 세력으로 부상하던 독일을 주요 경제 파트너로 삼았습니다.

이제 페르시아의 석유와 자원 수출에서 독일이 중요한 시장이 되었습니다. 독일은 그 대가로 팔라비 왕조의 산업화와 군사력 증강을 도왔죠.

이런 과정들은 레자 샤로 하여금 독일을 더욱 가까이하는 게 경제에 이득이 될 거라는 판단을 하게 만들었습니다. 당시 독일인들은 페르시아(이란) 사람들을 아리아인으로 간주하고 형제 민족이라고 선전했는데요. 팔라비 왕조의 국민에게 나치 독일에 대한 긍정적 이미지를 형성하게 만들었죠. 레자 샤는 이런 이미지를 이용해 독일과의 관계를 더욱 강화했습니다.

제2차 세계대전이 발발하자 레자 샤는 겉으로는 중립을 선언하면서 안으로는 독일과의 협력을 강화하며 영국과 소련을 견제했습니다. 하지만 이런 계산은 결국 역효과를 내고 말았습니다. 영국과 소련이 독일을 견제해 1941년 페르시아 지역을 침공한 것이지요.

영국과 소련은 레자 샤를 퇴위시키고 그의 아들인 모하마드 레자 샤를 즉위시켰습니다. 그는 소련과 영국의 영향 아래 제한된 통치권만 행사했죠. 그러나 전쟁이 끝난 후, 아버지 레자 샤가 추진했던 세속주의 및 근대화 정책을 계승하며 왕권을 강화하려 했습니다.

1951년 그는 민족주의 정치인 모하마드 모사데크를 총리에 임명하며 정치에서 영국의 영향력을 줄이려는 시도를 본격화했습니다.

모사데크는 재임 시절 석유 산업을 국유화하면서 기대에 부응했고, 이 결정은 영국의 경제적 이익에 큰 타격을 줬습니다. 하지만 석유 국유화 이후 모사데크는 내각 중심제 강화를 추진하면서 국왕의 정치적 권한을 축소하려 했고, 샤와의 관계는 급격히 악화되었죠.

결국 1953년 레자 샤는 미국 CIA와 영국 M16의 지원을 받아 쿠데타를 감행했고 모사데크 정부를 전복시켰습니다. 이후 통치권을 회복하고 왕권을 강화했습니다. 그는 자신의 통치를 정당화하고 국민의 지지를 얻고자 급진 개혁이 필요하다고 판단했습니다.

당시 팔라비 왕조의 사회는 경제적 불평등, 농민의 빈곤, 그리고 빈부격차로 불안정한 상황이었습니다. 이러한 사회적 불만을 잠재우기 위한 해결책으로 백색 혁명이 제시되었죠.

백색 혁명의 의의에 대해 연설하는 모하마드 레자 샤

한편 당시 미국은 팔라비 왕조를 냉전 시대의 전략적 파트너로 인식했기 때문에 샤의 서구화 정책에 지지를 보냈습니다. 이러한 정치적 배경 속에서 모하마드 레자 샤는 1963년부터 '백색 혁명'이라는 개혁 프로그램을 대대적으로 추진했습니다.

토지 개혁, 여성의 선거권 확대, 교육과 보건 서비스의 개선 등을 포함했으며, 이란의 급격한 근대화와 산업화를 목표로 삼았습니다. 그러나 급진 개혁은 농민들과 전통적 지주 계층, 그리고 종교 지도자들로부터 반발을 초래했죠.

특히 종교 지도자 루홀라 호메이니는 백색 혁명을 서구 제국주의의 음모라고 강력하게 비판하며 반정부 운동을 주도했습니다. 샤는 반대 세력을 철저히 억압하고자 1957년 CIA와 이스라엘 모사드의 지원 아래 설립한 비밀 경찰 사바크를 활용했습니다. 이 조직은 반체제 인사들을 감시하고 고문하거나 암살하는 등 공포 정치의 중심 역할을 했죠.

이러한 억압 통치는 국민의 불만을 키웠고, 1970년대 후반으로 들어서면서 광범위한 반정부 시위가 발생하기 시작했습니다. 1978년 9월 8일 테헤란의 블랙 프라이데이 유혈 사태를 계기로 저항은 전국적 혁명 운동으로 확산되었습니다. 곧 '이란 혁명'으로 발전했죠.

국민들의 격렬한 저항과 시위로 모하마드 레자 샤는 더 이상 권력을 유지할 수 없었고, 1979년 1월 페르시아를 떠나 망명 생활을 시작했습니다.

그해 2월, 루홀라 호메이니가 파리 망명 생활을 마치고 페르시아로 돌아와 이슬람 공화국 체제를 수립했습니다. 그렇게 팔라비 왕조는 역사 속으로 사라졌고 호메이니는 최고 지도자로서 신정 체제를 이끌기 시작했습니다.

팔라비 왕조는 이란 근현대사에서 가장 극단적 변화를 시도한 통치 세력으로 외형적 근대화와 세속화, 국가 중앙집권화를 추진함으로써 이란 지역을 전통적 이슬람 사회에서 탈바꿈시키려 했습니다.

이란 혁명으로 이어진 블랙 프라이데이

하지만 이러한 시도는 민중의 종교적 감수성과 오랜 공동체 질서를 고려하지 않은 채 위로부터 강제된 개혁에 가까웠기에, 결국 사회 내부의 깊은 분열과 저항을 불러일으켰습니다.

석유 수익을 통한 경제 발전과 사회 기반 시설 확충에도 불구하고 정치적 억압과 서구 열강과의 밀착은 체제에 대한 불신을 심화시켰고, 그 결과 팔라비 왕조는 근대화된 독재의 한계를 극명하게 보여주며 종말을 맞이했습니다.

이슬람 혁명은 단순한 정권 교체가 아니라 이란 민중이 팔레비 체제가 남긴 근대화의 그림자를 심판한 역사적 분기점이었습니다.

술탄의 시대에서 공화국의 시대로

'오스만 제국'은 13세기 말 룸 셀주크 제국이 몽골의 침략으로 무너진 후 여러 튀르크계 부족들이 분열되어 각축을 벌이던 가운데 등장했습니다. 이 혼란 속에서 아나톨리아반도 서부에 자리 잡은 튀르크 부족의 지도자인 오스만 1세가 1299년 자신의 이름을 따서 나라를 세웠죠.

당시 아나톨리아반도는 비잔티움 제국의 쇠퇴와 몽골의 침입으로 혼란 상태였고, 오스만은 이러한 혼란을 틈타 군사력을 바탕으로 세력을 확장해 나갔습니다. 오스만 1세는 서쪽으로는 약해진 비잔티움 제국의 영토를 공격하고, 동쪽으로는 분열된 다른 튀르크 국가들을 제압하며 영토를 확장했죠. 그의 아들 오르한과 손자인 무라트 1세에 이르러 영토 확장은 본격화되었습니다.

제3대 술탄 무라트 1세는 수도를 부르사에서 아드리아노플(현 에디르네)로 옮기고 발칸반도를 공격해 비잔티움 제국과 발칸 연합군을 무너뜨리는 데 성공했습니다.

특히 무라트 1세가 창설한 예니체리는 오스만 제국의 군사적 성공에 중요한 역할을 했습니다. 예니체리는 오스만 제국의 정예 부대로, 주로 기독교 지역에서 징발된 젊은이들이 이슬람으로 개종해 혹독한 군사 훈련을 거쳐 양성되었는데요. 이 오스만 제국의 군사적 성공과 중앙집권 유지에 핵심 전력이 되었습니다.

앙카라 전투와 오스만 제국의 위기

오스만 제국은 곧 중대한 위기를 맞이했습니다. 제4대 술탄 바예지드 1세는 유능한 정복자였지만, 그가 직면한 최대의 적은 중앙아시아에서 급부상한 티무르 제국이었습니다. 1402년 앙카라 전투에서 오스만 제국은 티무르의 기병 전술에 패배하며 제국의 존립 자체가 흔들릴 만큼 큰 타격을 입고 말았죠. 바예지드 1세는 포로로 잡혀 적국의 감옥에서 사망하고 말았습니다.

이 패배는 오스만 제국이 여러 지역으로 분열되며 왕자의 난이라고 불리는 내전으로 이어졌으며, 이후 약 10년간 오스만 제국은 각 왕자들 사이의 권력 투쟁으로 혼란에 빠졌습니다. 오스만 제국사에서 붕괴에 가까운 혼란기로 외세의 간섭과 지방 통치자들의 독립화가 진행되었습니다.

결국 바예지드 1세의 아들 중 넷째인 메흐메트 1세가 내전을 종결하고 1413년에 제5대 술탄으로 즉위하면서 혼란을 종식시켰습니다.

이로써 오스만 제국은 일시적 위기를 극복하고 다시 강대국의 길로 나아갈 기반을 다질 수 있었습니다.

메흐메트 2세와 비잔티움 제국의 멸망

제국이 정비된 후 제7대 메흐메트 2세는 오스만 제국 역사상 가장 중요한 승리를 성취했습니다. 1453년 비잔티움 제국의 수도 콘스탄티노플을 정복하면서 1천 년간 이어진 비잔티움 제국의 숨통을 끊어버린 것이죠.

당시 비잔티움 제국은 대부분의 영토를 상실하고 수도 콘스탄티노플만 남아 있는 상황이었습니다. 이전의 오스만 술탄들도 그곳을 점령하고 싶었지만 난공불락의 방어 시설과 서방의 지원 속에 성공하지 못했죠.

메흐메트 2세는 1451년부터 2년간 철저히 준비한 끝에 1453년 콘스탄티노플을 포위했습니다. 성벽은 수 세기 동안 유럽에서 가장 견고한 방어 시설이었지만 오스만 제국의 대형 공성포에 의해 파괴되고 말았죠.

아울러 메흐메트 2세는 함선을 육로로 이동시키는 혁신적 전략으로 갈라타 언덕을 넘어 골든 혼으로 배를 진입시키며 비잔티움 제국의 해상 방어선을 우회하고 도시에 대한 포위를 강화했습니다.

오스만 제국은 마침내 성벽을 돌파했고 도시를 함락하며 천 년 가까이 존속했던 비잔티움 제국은 역사 속으로 사라지고 말았습니다.

콘스탄티노플은 동서양을 잇는 중요한 전략적 요충지였기에 이 도시의 정복은 오스만 제국이 진정한 제국으로 도약하는 결정적 전환점이 되었습니다.

그때부터 콘스탄티노플은 비공식적으로 이스탄불이라 불리기 시작했으며, 1930년 튀르키예 공화국이 이스탄불을 공식

콘스탄티노플에 입성하는 메흐메트 2세

명칭으로 채택했습니다. 이스탄불은 고대 그리스어에서 유래해 일반적으로 '도시 안으로'라는 의미로 해석됩니다.

　메흐메트 2세는 콘스탄티노플 정복 이후 톱카프 궁전을 건설하고, 제국의 통치를 더 강화하기 위한 정책들을 펼쳤습니다. 특히 밀레트 제도로 제국 내 다양한 종교 공동체가 종교 및 민사 문제를 자율적으로 관리할 수 있도록 허용했습니다.

기독교, 유대교 등 타 종교를 믿는 사람들에게 자율권을 부여함으로써 내부 갈등을 최소화하고, 다양한 민족과 종교가 혼합된 오스만 제국이 장기적으로 안정된 통치 기반을 유지하는 데 크게 기여했죠.

메흐메트 2세의 포용 정책은 오스만 제국이 620여 년간 존속할 수 있었던 중요한 기반 중 하나였습니다.

제국의 확장과 칼리프위 획득

메흐메트 2세의 뒤를 이은 제8대 술탄 바예지드 2세는 급격한 정복보다 내치에 힘쓰며 제국의 체제를 안정화시키는 데 주력했습니다. 제국의 경제 기반을 강화하고, 메흐메트 2세 시기의 급진적 팽창으로 발생한 내부 불만을 해소하는 정책을 펼쳤습니다.

그의 통치는 비교적 안정적이었지만, 그의 아들 셀림 1세는 대대적인 정복 전쟁으로 오스만 제국의 또 다른 전성기를 이끌었습니다.

제9대 술탄 셀림 1세는 예니체리의 지지를 얻어 아버지를 몰아내고 술탄 자리에 오른 후, 형제와 그들의 자손까지 처형함으로써 왕권을 공고히 했습니다.

1514년 찰디란 전투에서 사파비 왕조를 물리쳐 동부 국경을 안정시켰고, 1516년 다비크 전투에서 맘루크 왕조를 무너뜨리며 시리아와 이집트를 정복했죠.

이 정복으로 오스만 제국은 메카와 메디나를 포함한 이슬람의 성지들을 차지하고 맘루크 왕조의 칼리프를 포로로 잡아 이슬람 칼리프위를 오스만 제국으로 이전했습니다.

이제 오스만 제국의 술탄은 칼리프라는 칭호를 공식적으로 계승하며 정치적 권력뿐만 아니라 종교적 정통성까지 확보며 이슬람 제국의 최고 권위자로 자리 잡았습니다.

오스만 제국의 최전성기

셀림 1세의 아들 제10대 술탄 쉴레이만 1세는 오스만 제국을 정치, 군사, 문화 모든 면에서 역사상 가장 강력한 시기로 이끈 군주입니다.

그는 법률의 제정자라는 칭호로 불릴 만큼 법과 행정 체제를 정비해 제국의 통치 기반을 강화했고 군사적으로도 최대 판도를 달성했습니다.

서쪽으로는 헝가리와 비엔나를 공격하며 합스부르크 제국과 맞섰고, 동쪽으로는 사파비 왕조를 제압하며 타브리즈와 바그다드를 정복했습니다. 그의 치세 동안 오스만 제국은 유럽, 아프리카, 중동에 걸친 광대한 영토를 통치하며 지중해와 인도양 무역을 장악했죠.

쉴레이만 대제는 정복자일 뿐만 아니라 문화 부흥을 이끌어낸 통치자였습니다. 그의 치세 동안 예술, 문학, 건축 등 다양한 분야에서 오스만 제국의 르네상스가 꽃피웠죠. 특히 그가 건설한 쉴레이마니예 모스크는 오스만 건축의 대표 걸작으로 꼽힙니다.

오스만 제국의 쇠퇴와 서구 열강의 부상

쉴레이만 대제 이후, 오스만 제국은 쇠퇴하기 시작했습니다. 후대의 술탄들은 더 이상 전쟁터에 나가지 않았고, 정치적 지도력이 약화되어 권력이 재상(베지르)과 장군(파샤) 등 고위 관리들에게 넘어갔죠.

한편 서유럽이 대항해 시대를 맞아 지중해를 벗어나 대서양을 중심으로 새로운 무역 루트를 개척하면서 오스만 제국의

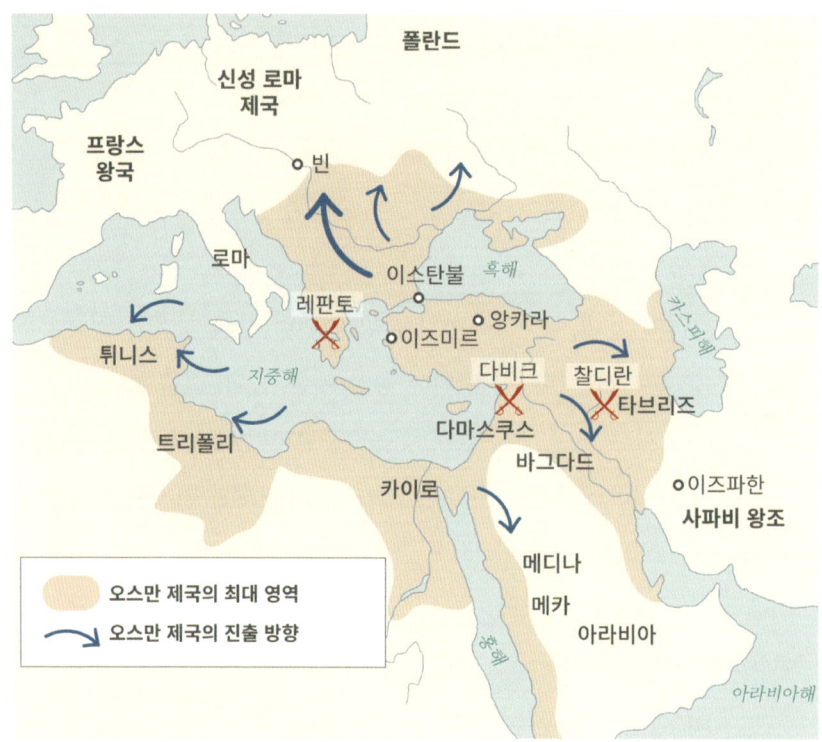

오스만 제국

경제적 기반도 약화되었습니다.

1571년 레판토 해전에서 오스만 제국이 서구 연합군에 패배한 건 서구 세계가 더 이상 오스만 제국을 두려워하지 않는 전환점이었죠.

아울러 제2차 빈 포위전은 오스만 제국 쇠퇴의 상징적 사건입니다. 오스만 제국은 1683년 다시 한번 빈을 포위하고자 했으나, 카라 무스타파 파샤가 지휘한 오스만 군대는 유럽 연합군에게 패배하고 말았습니다. 그렇게 오스만 제국은 유럽에서의 세력을 상실했죠.

카라 무스타파는 처형되었고 제19대 술탄 메흐메트 4세도 폐위되었습니다. 1699년 카를로비츠 조약으로 오스만 제국은 헝가리와 발칸반도의 영토를 서구 열강에 내줘야 했습니다.

오스만 제국의 개혁 실패와 붕괴

18세기 후반부터 19세기 전반에 걸쳐, 오스만 제국은 서구 열강의 압박과 내부의 정치 사회적 문제에 시달리기 시작했습니다. 제국을 구하기 위한 탄지마트 개혁이 시도되었으나, 이슬람 전통주의자들과 개혁파 사이의 갈등으로 개혁이 광범위하게 정착되는 데는 어려움이 있었죠.

그 와중에 청년 투르크당이 1908년 혁명을 일으켜 헌법을 복원하고, 이듬해 1909년에는 제34대 술탄 압뒬하미트 2세를 퇴위시키는 데 성공했습니다. 하지만 오스만 제국은 이미 쇠퇴 국면에 접어든 상태였습니다.

내부적으로는 민족주의 운동과 각지의 독립 투쟁으로 정권이 흔들리고 있었고, 외부적으로는 서구 열강의 지속적인 압박을 받았습니다.

그런 가운데 오스만 제국은 제1차 세계대전에서 독일과 함께 동맹국으로 참전했습니다. 오스만 제국이 크림전쟁을 비롯해 19세기 내내 러시아와 흑해 및 발칸반도의 패권을 놓고 수차례 충돌했기 때문이었죠.

독일과의 동맹으로 러시아를 견제하고자 했던 게 주요한 이유였던 것입니다. 동시에 독일의 군사적·경제적 영향력이 오스만 제국 내부에 깊숙이 자리 잡고 있었던 점도 작용했고요.

한편 영국은 발칸반도에서 오스만 제국의 지배에 저항하는 소수 민족의 독립운동을 묵인하거나 외교적으로 지지하는 입장을 취하며, 오스만 제국과의 관계가 점차 악화되었습니다.

영국과 경쟁 관계에 있던 독일은 그 틈을 타 바그다드 철도 건설 등 인프라 프로젝트로 오스만 제국과의 관계를 강화하며 주요 동맹국으로 부상했죠.

제1차 세계대전에서 패배한 오스만 제국은 1920년 연합국과의 협상 끝에 영토와 주권을 크게 제한하는 세브르 조약을 체결했습니다. 오스만 제국의 영토를 대폭 축소하고 중동이나 북아프리카 등 제국의 광범위한 영토를 영국, 프랑스, 이탈리아,

그리스 등이 분할 통치하거나 영향력을 행사하는 내용으로 구성되어 있죠.

다시 말해 세브르 조약은 오스만 제국을 분할 통치하려는 서양 열강의 의지가 담긴 조약인 것입니다. 또한 이후 이어지는 조약 및 회담의 기초가 되는 조약이기도 하고요. 현대 중동사를 이해하기 위해 반드시 알아야 하는 조약이므로, 핵심 내용을 소개하고자 합니다.

아나톨리아반도 대부분은 오스만 제국의 직접 통치 아래

세브르 조약

놓이지 못하게 되었고, 서부 지역은 그리스, 남부는 프랑스, 남동부는 이탈리아의 영향권에 뒀습니다. 동부 지역은 아르메니아인에게 독립 국가 설립이, 쿠르드인에겐 자치권 부여와 국민투표를 통한 독립 가능성이 명시되었습니다.

이스탄불과 다르다넬스 해협은 국제기구의 통제하에 놓였으며, 오스만 제국은 이 지역에 대한 주권을 상실했습니다.

아랍 지역은 완전히 오스만 제국의 지배에서 이탈해 이라크와 팔레스타인은 영국의 위임통치령으로, 시리아와 레바논은 프랑스의 위임통치령으로 설정되었습니다.

오스만 제국의 군사력은 극도로 축소되었으며, 군사 활동과 조직에 대한 결정권 역시 연합국의 통제를 받게 되었죠.

튀르키예 공화국 건국

오스만 제국 내부에선 정치인, 지식인, 군부를 중심으로 세브르 조약에 대한 강한 반발이 일어났습니다. 특히 당시 오스만 제국의 장교였던 무스타파 케말 파샤(훗날의 아타튀르크)는 세브르 조약에 대해 공개적으로 강한 반대 입장을 표명했죠.

그와 함께 민족 독립에 대한 열망을 토대로 튀르키예 독립

전쟁을 이끌었습니다. 그는 앙카라를 거점으로 삼아 새로운 튀르키예 공화국의 기틀을 마련하고 그리스 군대를 포함한 영국, 프랑스, 이탈리아 등 연합국 세력과 맞서 싸웠습니다.

특히 1921년 사카리아강 인근에서 벌어진(현 튀르키예 앙카라주 근처) 전투에서 그리스군의 진격을 막아낸 후, 이듬해 1922년 스미르나(현 튀르키예 이즈미르주)를 탈환해 그리스군을 완전히 몰아냈습니다.

튀르키예 독립전쟁 중인 1922년, 튀르키예 의회는 술탄제를 공식 폐지하기로 결정했습니다. 이에 제36대 술탄 메흐메트 6세는 이탈리아로 망명했고 오스만 제국은 공식 해체되죠.

또한 튀르키예 독립전쟁의 승리는 연합국을 다시 협상 테이블로 불러내는 데 성공하는 결과를 가져왔습니다. 1923년 7월, 튀르키예와 연합국 사이에 로잔 조약이 체결되어 튀르키예는 아나톨리아반도와 이스탄불에 대한 주권을 인정받았죠.

이어 1923년 10월, 튀르키예 대국민의회는 앙카라에서 튀르키예 공화국 수립을 공식 선포했습니다. 무스타파 케말은 튀르키예 공화국의 초대 대통령으로 선출되었으며, 수도는 이스탄불에서 앙카라로 이전되었습니다.

수도 이전은 오스만 제국의 유산에서 탈피해 새로운 공화국으로서 독자 노선을 걷겠다는 의지를 상징하는 결정이었죠.

앙카라가 내륙에 위치해 방어에 유리하다는 점과 지역 균형 발전의 필요성도 수도 이전의 주요 이유로 작용했습니다.

튀르키예 공화국 성립 이후, 무스타파 케말은 종교적 권위에서 벗어나 세속주의를 확립하고자 광범위한 개혁을 추진했습니다. 그 출발점은 1924년 3월, 튀르키예 대국민의회에서 이슬람의 칼리프제가 공식 폐지된 사건이었습니다.

이후 샤리아법과 이슬람 종교법원을 폐지하고 서구식 법률 체제를 도입해 정치와 종교의 분리를 강화합니다. 그 밖에도 의복 개혁(모자법 등), 지방 선거권 및 총선거권 부여를 통한 여성 참정권 확대, 라틴 문자 도입 등 일련의 개혁으로 서구화와 근대화를 추진했죠.

오스만 제국은 동서 교차로에서 다민족을 통합하며 600년 이상 강력한 제국으로 존재했습니다. 하지만 18세기 이후 내부 갈등과 서구 열강의 압박으로 쇠퇴했고, 민족주의와 전쟁으로 분열되고 말았죠.

제1차 세계대전 패배와 세브르 조약은 제국 몰락을 확정지었으나, 무스타파 케말의 독립전쟁이 튀르키예 공화국을 탄생시켰습니다.

오스만 제국은 전통과 근대화 사이에서 복잡한 역사를 남겼으며, 중동의 현대사를 이해하는 열쇠입니다.

오늘날 중동에서 벌어지는 전쟁과 분쟁은 종종 민족과 종파의 대립에서 비롯됩니다. 그러나 한때 오스만 제국은 밀레트 제도로 다양한 종교·민족 공동체가 각자의 자율성과 정체성을 유지하면서도 공존하는 틀을 마련한 바 있습니다.

이처럼 오스만 제국은 억압이 아닌 조율과 절충을 통해 다양성을 포용하며 수백 년을 존속했습니다. 오늘날의 중동도, 이 역사적 유산에서 포용과 공존의 원리를 되새길 필요가 있습니다.

제국이 사라진 자리, 분열된 중동의 탄생

오스만 제국은 수 세기 동안 다양한 민족과 종교가 공존하는 제국이었습니다. 제국의 지배층인 튀르크인을 비롯해 아랍인, 유대인, 쿠르드인 등 여러 민족이 신민으로 살아갔죠. 제국 말기 일부 아랍인들은 영국과 협력해 오스만 제국에 반기를 들었고 독립 국가 수립을 기대했습니다.

전쟁 이후 아랍인들은 영국과 프랑스의 위임통치 아래 시리아, 레바논, 트랜스요르단, 이라크 등의 국가 틀을 갖췄고 이후 독립을 향해 나아갔습니다.

한편 아라비아반도에선 이븐 사우드가 여러 부족을 통합해

1932년 사우디아라비아 왕국을 세웠고, 이집트는 1922년 영국의 영향 아래에서 형식적 독립을 얻어 왕국을 수립했습니다.

쿠르드인은 1920년 세브르 조약에서 독립 국가 수립이 거론되었지만, 1923년 로잔 조약에서 무산되며 끝내 독립 국가를 건설하지 못했습니다.

시리아, 레바논, 이라크, 트란스요르단

제1차 세계대전 동안 영국은 후세인-맥마흔 서한으로 아랍인들에게 오스만 제국으로부터의 독립을 암시하며 국가 수립을 약속했습니다. 영국의 지원으로 일부 아랍인들은 오스만 제국에 맞서 싸우며 1918년 다마스쿠스에 입성해 시리아 아랍 왕국을 건국했죠.

그때 파이살 1세(훗날 이라크 왕)가 왕으로 추대되었으며, 그의 지휘 아래 아랍군은 오스만 제국으로부터 독립하려 했습니다. 하지만 영국과 프랑스는 이미 1916년 사이크스-피코 협정으로 오스만 제국의 영토 분할 계획을 세워두고 있었죠. 이 협정은 후세인-맥마흔 서한과 배치되었으며, 결과적으로 아랍인의 독립 기대를 배신한 셈이었습니다.

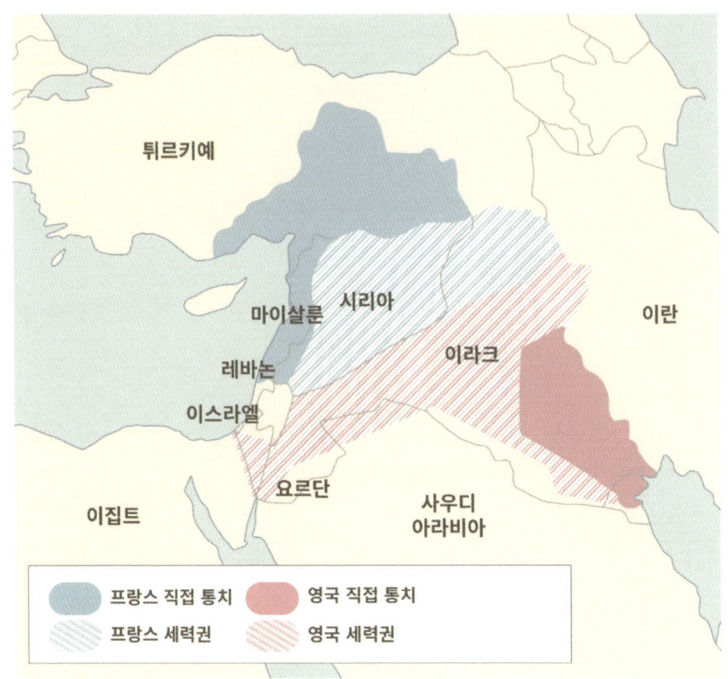

사이크스–피코 협정

　협정에 따라 프랑스는 시리아 내륙과 레바논 지역에, 영국
은 바스라와 바그다드를 포함한 이라크 남부 지역에 지배권을
가지며 팔레스타인은 국제 공동 관리 지역으로 설정되었습니
다. 이러한 유럽 열강의 비밀 협상은 중동의 분쟁과 민족 갈등의
씨앗이 되었고, 아랍인 사이에선 서구 열강에 대한 불신을 낳았
습니다.

1920년 산레모 회의에서 이러한 계획이 공식화되어 영국은 이라크와 팔레스타인(트란스요르단 포함), 프랑스는 시리아와 레바논을 위임통치령으로 획득했습니다.

1920년 7월 시리아 아랍 왕국은 프랑스와의 마이살룬 전투에서 패배한 뒤 멸망했고, 이후 프랑스는 국제연맹으로부터 위임받아 시리아와 레바논에 대한 식민 통치를 시작했습니다.

시간이 흘러 제2차 세계대전 중인 1943년에 레바논은 프랑스 위임통치로부터 독립을 선포하고 독자 정부를 수립했으며, 미국과 영국 등 연합국의 압력을 받은 프랑스는 결국 이를 승인하고 철수했습니다.

시리아에선 1920년대부터 프랑스의 위임통치에 저항하는 운동이 이어졌는데, 특히 1925년 시작된 대규모 무장 저항인 시리아 대봉기는 전국 규모로 확대되었습니다. 제2차 세계대전 이후 국제 정세의 변화 속에서 1946년 프랑스군이 철수하면서 시리아는 마침내 독립을 이룰 수 있었죠.

이라크의 경우 제1차 세계대전 이후 사실상 영국의 위임통치 하에 놓였으며, 1921년 하심 왕조의 파이살 1세가 왕으로 즉위하면서 이라크 왕국이 공식적으로 수립되었습니다.

1932년 국제연맹으로부터 독립국으로 승인받았지만, 이후에도 완전히 독립하지 못한 채 여러 조약을 통해 영국의 군사적·외교적 영향력 아래 놓여 있었습니다. 1958년, 압둘카림 카심 장군이 주도한 쿠데타로 이라크는 왕정이 폐지되고 공화국으로 전환되었습니다.

한편 영국은 1921년 팔레스타인 위임통치령의 동부 지역을 분리해 트란스요르단을 별도로 관리하기 시작했고, 압둘라 1세를 아미르로 임명해 자치 통치를 허용했습니다. 압둘라 1세는 1921년 자치 정부를 구성했으며, 이후 1946년 정식 독립하면서 요르단 왕국의 초대 국왕이 되었죠.

산레모 회의 지도

팔레스타인 지역에선 영국의 위임통치 아래 유대인들의 이주가 급격히 증가하면서, 토지 소유권과 고용 문제 등으로 아랍인과의 갈등이 심화되었습니다.

이러한 갈등은 영국의 모호한 외교 정책과 맞물려 지역적 긴장을 고조시켰죠. 1947년 유엔이 팔레스타인을 유대 국가와 아랍 국가로 분할하는 결의를 채택했으나, 아랍 국가들은 이를 거부했습니다.

이듬해 1948년, 유대인 지도자들은 이스라엘의 독립을 선언했고 이에 반발한 아랍 국가들과 이스라엘 사이에 제1차 중동 전쟁이 발발했습니다. 이후에도 이스라엘과 아랍 국가들 간의 분쟁은 여러 차례 전쟁으로 이어졌고, 팔레스타인 문제는 여전히 해결되지 않은 상태로 남아 있습니다.

이집트

이집트는 오스만 제국의 지배를 받다가 1882년 영국이 군사적으로 점령하면서 사실상 영국의 통치하에 들어갔습니다. 제1차 세계대전 중 영국은 이집트를 오스만 제국으로부터 분리해 보호령으로 선언했지만, 전쟁 후에도 실질적 자치권이나 독립을 허용하지 않았습니다.

1919년 이집트 혁명은 영국의 지배에 대한 민족주의 운동이었고, 1922년 영국은 일방적으로 이집트의 독립을 선언했지만 명목상 독립에 불과했습니다. 영국이 여전히 정치적·군사적 통제권을 갖고 있었기 때문입니다. 특히 영국은 여전히 수에즈 운하를 장악하고 있었습니다.

1952년 자유 장교단의 쿠데타로 왕이 폐위되는 이집트 혁명이 일어나면서 자유 장교단의 리더 가말 압델 나세르가 권력을 장악했습니다.

나세르는 영국이 제2차 세계대전 결과 대규모 전쟁 피해를 겪으며 재정적 부담과 군사력의 한계로 해외 식민지에 군대를 계속 유지하는 게 어렵다는 걸 이용해 영국을 압박했고, 결국 1954년 영국과 이집트 간에 협정을 체결했습니다.

이 협정으로 영국군은 1956년까지 수에즈 운하에서 완전히 철수하기로 합의했습니다. 대신 수에즈 운하에 위급한 상황이 발생하면 그때 다시 병력을 파견하기로 했죠.

영국군은 1956년 협정에 따라 수에즈 운하에서 완전히 철수했는데, 그 직후 나세르가 수에즈 운하의 국유화를 선언했습니다. 영국은 크게 반발했고 영국, 프랑스, 이스라엘이 이집트를 공격하면서 제2차 중동전쟁이 발발했습니다.

전쟁은 곧 국제적 관심을 끌었지만 냉전 중이었던 미국과 소련은 양측 모두 이집트에서 충돌이 심화되는 걸 원치 않았습니다.

중동에서 서방의 이미지가 식민지 제국주의로 비추는 걸 우려한 미국 대통령 드와이트 D. 아이젠하워는 영국과 프랑스에게 군사적 행동을 중단하라고 강하게 압박했습니다.

소련 역시 나세르를 지지하며 영국과 프랑스의 개입에 반대했습니다. 그 결과 영국과 프랑스는 군사적 승리를 거뒀음에도 불구하고 미소 양국의 압박에 굴복해 물러났습니다.

나세르는 전쟁에서 군사적으로는 승리하지 못했지만 정치적으로는 승리하며 아랍 세계에서 반제국주의와 아랍 민족주의의 상징이 되었습니다. 그 이후 그는 중동에서 중요한 정치 지도자로 자리 잡게 됩니다.

사우디아라비아

사우디아라비아 건국의 뿌리는 18세기 중반 무함마드 이븐 압둘 알와하브라는 종교 지도자가 제창한 와하비즘에서 시작되었습니다. 와하비즘은 이슬람의 본래 가르침으로 돌아가자는 복고주의를 주장하고, 엄격한 종교적 규율을 강조하며, 아라비아 반도 내 여러 부족 사이에서 빠르게 확산되었습니다.

아라비아반도 내륙의 디리야 지역을 통치하던 사우드 가문이 이 운동을 지지하고 와하비즘을 기반으로 세력을 키워갔습니다. 그렇게 사우드 가문은 아라비아반도 내에서 중요한 정치적·종교적 세력으로 성장할 수 있었죠.

한편 제1차 세계대전 당시 영국은 오스만 제국의 통치에 반발하는 후세인 빈 알리와 하심 가문을 지지해 서부 헤자즈 지방에 헤자즈 왕국을 건국하도록 도왔습니다.

후세인은 스스로를 무함마드의 후손이라 주장하며 영국의 지원을 받아 오스만 제국에 대항했습니다. 그러나 아라비아반도 중부에 자리 잡고 있던 사우드 가문의 압둘아지즈 이븐 사우드는 헤자즈 왕국을 인정하지 않고 독자 세력을 키워나갔죠.

1921년, 압둘아지즈는 네지드 술탄국을 세우며 아라비아반도 중부를 장악했습니다. 이어 1924년에 헤자즈 왕국을 공격해 후세인 빈 알리를 몰아냈고, 1932년에 아라비아반도를 통합해 사우디아라비아 왕국을 건국했습니다.

초기 사우디아라비아는 큰 주목을 받지 못했지만, 1938년 미국의 탐사 팀에 의해 대규모 유전이 발견되면서 부국으로 도약할 수 있는 기반을 마련했습니다.

이후 석유 수출로 엄청난 수익을 창출한 사우디아라비아는 미국과의 긴밀한 관계로 국제 무대에서 중요한 외교적 위치를 차지하며 중동 지역의 핵심 국가로 부상했습니다.

쿠르드인

쿠르드인은 제1차 세계대전 이후 독립 국가 건설의 기회를 가졌지만, 여러 요인으로 그 꿈이 좌절되었습니다.

쿠르드인들이 거주하는 쿠르디스탄 지역(현 튀르키예 동부 및 남동부, 시리아 북부 및 북동부, 이라크 북부, 이란 서부)은 오스만 제국 내에서도 독립적 정체성을 유지해 왔으며, 그들은 오스만 제국이 해체되면 자신들만의 독립 국가를 세울 수 있을 거라 기대했습니다.

하지만 1920년 서방 열강과 오스만 제국 사이에 체결된 세브르 조약은 쿠르디스탄 지역에 일정한 자치권을 부여하고, 추후 국민투표로 독립 여부를 결정할 수 있는 가능성을 명시했습니다.

아나톨리아반도의 분할을 용인할 수 없었던 무스타파 케말은 이 조약을 민족의 분할로 판단하고 튀르키예 독립전쟁을 일으켰습니다. 그는 연합군, 특히 그리스와의 전투에서 결정적으로 승리하며 아나톨리아반도 내에서 강력한 민족국가의 기초를 마련할 수 있었죠.

이어 1923년 7월, 세브르 조약을 공식적으로 대체하는 로잔 조약이 체결되면서 튀르키예의 새로운 국경이 국제적으로 승인되었고 같은 해 10월 튀르키예 공화국이 수립되었습니다.

하지만 로잔 조약에선 세브르 조약에 포함되었던 쿠르드 자치 및 독립 관련 조항이 완전히 삭제되었으며, 그렇게 쿠르드인들의 국가 수립 기대는 사라졌습니다.

이후 쿠르디스탄 지역은 튀르키예, 이란, 영국 위임통치령 이라크, 프랑스 위임통치령 시리아에 걸쳐 분할되었고, 쿠르드인들은 각국의 국경 안에서 소수민족으로 살아가게 되었죠.

이후 쿠르드인들은 튀르키예, 이라크, 시리아, 이란 등지에서 독립 혹은 자치권을 요구하며 다양한 형태의 민족운동을 전개했으나, 각국 정부의 강경한 탄압으로 독립 국가 수립에는 이르지 못했습니다.

쿠르드인은 현재 약 4천만 명으로, 국가를 갖지 못한 가장 큰 민족 집단 중 하나입니다. 튀르키예, 이라크, 이란, 시리아 등 여러 국가에 걸쳐 분포하며 일부는 유럽 등지로 이주해 디아스포라 공동체를 형성하고 있습니다.

특히 튀르키예에선 무장 독립운동과 자치권 요구가 반복적으로 충돌을 빚어왔으며, 이라크 북부에선 쿠르드 자치정부가 실질적 자치 통치를 이어가고 있습니다.

팔레스타인 문제

제1차 세계대전 당시 영국은 오스만 제국의 지배 아래 있던 아랍인들에게 전쟁에서 승리하면 독립 국가를 건설할 수 있도록 돕겠다고 약속했습니다.

1915년 후세인-맥마흔 서한인데, 메카의 샤리프(무함마드의 후손) 후세인 빈 알리와 영국의 이집트 주재 고위 외교관 헨리 맥마흔 간에 오간 약속이었습니다. 이 약속에 따라 아랍인들은 영국의 지원을 받아 오스만 제국에 대항해 싸웠습니다.

아랍군은 제1차 세계대전 말기인 1918년 다마스쿠스에 입성했고, 후세인의 아들 파이살 1세가 이 지역의 통치권을 장악했습니다. 그때 그를 지원한 영국인이 바로 토마스 에드워드 로렌스로, 훗날 영화 〈아라비아의 로렌스〉의 주인공으로 잘 알려진 인물입니다. 이후 파이살 1세는 1920년 시리아 왕국의 국왕으로 즉위했습니다.

그러나 영국과 프랑스는 이미 1916년 사이크스-피코 협정으로 오스만 제국의 영토를 전쟁 이후 어떻게 분할할지 비밀리에 합의한 상태였습니다.

협정에 따르면 프랑스는 시리아와 레바논을 포함한 북부 지역을, 영국은 이라크, 팔레스타인(트란스요르단포함)을 차지할 예정이었죠. 이 협정은 아랍인들의 독립 요구를 무시한 것으로, 오스만 제국의 영토를 서구 열강이 사전에 분할하기로 한 제국주의적 합의였습니다.

사이크스-피코 협정에도 불구하고 시리아 왕국이 수립되자, 영국과 프랑스는 1920년 산레모에 모여 협정을 재확인하고 시리아와 레바논은 프랑스의 위임통치령, 이라크와 팔레스타인은 영국의 위임통치령으로 분할했습니다. 그에 따라 파이살 1세가 수립한 시리아 왕국은 무너졌고 아랍인들은 크게 실망했죠.

한편 1917년 밸푸어 선언에서 영국 외무장관 아서 밸푸어는 유대인들에게 팔레스타인에 유대 국가 건설을 약속했습니다. 이 선언은 영국이 전쟁 자금을 유치하고자 유대 자본을 끌어들이려는 목적이었죠.

밸푸어 선언은 유대인들에겐 중요한 약속이었으나, 이미 팔레스타인에 거주하던 아랍인들에겐 자신들의 땅과 주권이 위협받을 수 있다는 불안을 안겨줬습니다.

당시에는 이미 러시아와 유럽에서 발생한 포그롬(유대인 학살)을 피해 많은 유대인이 팔레스타인으로 이주하고 있었습니다. 특히 1905년 러시아 혁명 실패 이후 포그롬이 격화되자 많은 유대인이 미국과 서유럽으로 이주했으며, 일부는 시온주의 운동의 영향으로 팔레스타인으로도 이주했습니다.

이후 1922년 영국은 국제연맹으로부터 팔레스타인에 대한 위임통치권을 부여받았으며, 이로써 밸푸어 선언의 내용을 바탕으로 유대인의 팔레스타인 이주를 행정적으로 장려하기 시작했습니다. 1930년대에는 나치 독일의 홀로코스트를 피해 유대인들의 이주가 가속화되었고요. 그렇게 1920년대부터 1930년대까지 팔레스타인 지역의 유대인 수가 급증했죠.

아랍인들은 유대인의 대규모 이주와 토지 매입이 자신들의 터전을 위협한다고 느꼈고, 팔레스타인 지역에서 여러 차례 영국과 유대인 정착민을 상대로 폭동과 반란이 일어났습니다.

영국은 1939년 유대인의 이주를 제한하는 백서를 발표했습니다. 그러나 백서는 유대인에겐 생존권을 제한하는 탄압으로, 아랍인에겐 유대인 이주를 완전히 막지 못한 불완전한 조치로 여겨져 양측 모두의 불만을 샀습니다.

제2차 세계대전으로 심각한 피해를 입은 영국은 더 이상 팔레스타인 문제를 해결할 능력이 없었고, 결국 1947년 팔레스

지도 내 레이블: 레바논, 시리아, 하이파, 야파, 야파, 예루살렘, 히브론, 가자, 요르단, 이집트

아랍 지역
유대인 지역

유엔 분할안

타인 문제를 유엔에 이관했습니다.

　같은 해 유엔은 팔레스타인을 유대인과 아랍인 두 국가로 분할하는 계획을 승인했고, 1948년 유대인들은 이스라엘의 독립을 선언했습니다.

그러나 이스라엘의 건국을 받아들일 수 없었던 아랍 국가들은 즉각적으로 이스라엘과의 전쟁을 선포했고, 그렇게 제1차 중동전쟁이 발발했습니다. 이 전쟁에서 이스라엘이 승리해 약 80~100만 명에 이르는 팔레스타인 아랍인들이 피난하거나 추방되었습니다. 이들이 바로 오늘날 우리가 알고 있는 팔레스타인 난민의 기원입니다.

오스만 제국 해체 이후 튀르크인들은 튀르키예 공화국을 세웠고, 아랍인들은 수많은 갈등과 외세의 개입 속에서도 여러 독립 국가들을 건국했습니다.

하지만 쿠르드인들은 끝내 독립 국가를 수립하지 못한 채 튀르키예, 이란, 이라크, 시리아 등지에 흩어져 살아가는 국가 없는 민족으로 남았습니다.

제1차 세계대전 이후 서양 열강이 펼친 분할 통치는 중동 전역에 민족 간 갈등과 국경 분쟁을 심화시켰습니다. 이스라엘과 아랍 국가 간의 대립, 쿠르드인의 독립 요구, 시아파와 수니파 간의 종파 갈등, 그리고 아랍 민족주의와 같은 복합적 문제로 이어졌습니다.

단순히 오스만 제국의 몰락이라는 역사적 사건에 그치지 않고 중동이라는 지역 전체에 장기적으로 정치적 불안정과 사회적 혼란을 낳는 원인이 되었습니다.

서구 열강은 이 지역을 효율적으로 통제하고자 '분할해 통치하라' 전략을 적용했고, 특히 석유 자원과 같은 경제적 이권은 그들의 개입을 더욱 집요하게 만들었습니다.

결과적으로 중동은 오늘날까지도 수많은 전쟁, 내전, 분리 독립 운동, 종교 갈등에 시달리며 국제 사회의 가장 위험한 화약고 중 하나로 남아 있습니다.

오스만 제국의 붕괴는 단순히 한 제국의 몰락이 아니라 20세기 이후 중동의 근대사 전체에 결정적 전환점을 제공한 역사적 사건이었습니다. 그리고 그 유산은 지금 이 순간에도 여전히 중동을 뒤흔들고 있습니다.

2부

유랑하는 민족,
세계를 바꾸다
: 유대인 역사

유대인 역사의
재해석

유대인의 역사는 135년경 '제2차 유대-로마 전쟁'으로 중요한 분기점을 맞이합니다. 이 전쟁 이후 유대인들은 팔레스타인 지역을 떠나 전 세계로 흩어지는 디아스포라(흩어진 민족)의 삶을 시작했기 때문입니다.

유대 민족이 더 이상 중동이라는 지역적 틀에만 국한되지 않고 유럽, 북아프리카, 아시아 등 여러 문명권에 걸쳐 다양한 영향을 미쳤다는 걸 의미합니다.

하여 유대인 역사의 후반부는 단지 중동사가 아닌 세계사적 맥락에서 조망할 필요가 있습니다.

유대인의 디아스포라 역사에선 그들이 종종 정치적·종교적 탄압의 대상이 되었던 고난의 시기가 중심을 이루지만 동시에 그들이 다양한 지역에서 경제적·사회적 영향력을 발휘하거나 때로는 비판의 대상이 된 사례들도 존재합니다.

예컨대 19세기 아편전쟁 당시 일부 유대계 상인들이 아편 무역에 참여함으로써 역사적으로 논란이 된 바 있으며, 20세기 초 남미 지역에서 활동한 범죄 조직인 즈비 미그달의 사례도 있습니다.

물론 이러한 사례들은 유대 민족 전체의 모습이나 성격을 대표하지 않기 때문에 각 시대와 지역의 맥락 속에서 개별적으로 이해되어야 하겠지요.

유대인의 역사는 피해자와 가해자의 이분법으로만 설명할 수 없는 복합적이고 다면적인 역사입니다. 그 복잡한 여정을 따라가며, 세계 여러 지역에서 유대인이 어떤 방식으로 존재하고 영향을 끼쳤는지 살펴보겠습니다.

유대인,
그들은 어디에서 왔는가

디아스포라 이후 유대인들은 유럽, 중동, 북아프리카 등지로 흩어지며 각 지역의 환경에 적응해 나갔고, 그 과정에서 고유한 문화와 전통을 지닌 여러 공동체가 형성되었습니다.

대표적 유대인 공동체로는 세파르디, 아슈케나지, 미즈라히 유대인이 있으며, 이들은 정착 지역과 역사적 경험에 따라 서로 다른 정체성과 문화를 발전시켜 왔습니다.

세파르디 유대인

세파르디 유대인은 이베리아반도에 정착했던 유대인 공동체를 말합니다. 그들은 스페인어와 히브리어가 결합된 독특한 언어 라디노를 형성했습니다.

특히 9세기부터 12세기까지 이슬람 통치 아래 있던 알안달루스 지역에서 상업, 의학, 수학, 철학 등 다양한 분야의 수준을 발전시켰죠.

그 시기 세파르디 유대인들은 상대적으로 관용적인 이슬람 통치자들 아래 비교적 안전하고 자유로운 환경 속에서 학문과 경제 활동에 참여할 수 있었습니다. 그때 유대 철학과 율법학이 크게 발전했으며, 후세에도 큰 영향을 끼친 유대 지식인들이 배출되었죠.

그러나 13세기 이후 기독교 세력의 레콩키스타가 이베리아반도 전역으로 확산되면서 유대인들의 지위는 급격히 약화되기 시작했습니다.

특히 1492년 스페인에서 알함브라 칙령이 반포되면서 유대인들은 개종하거나 추방당해야 했고, 1497년에는 포르투갈에서도 동일한 조치가 취해졌습니다. 그렇게 수만 명의 세파르디 유대인들이 고향을 떠나 북아프리카, 이탈리아 남부, 네덜란드,

1900년경 아르헨티나의 세파르디 유대인 가족

그리고 오스만 제국 등지로 이주해야 했습니다.

그중에서 특히 오스만 제국은 그들을 적극적으로 받아들였는데요. 술탄 바예지드 2세는 스페인에서 추방된 유대인들을 환영하며, "스페인 왕은 자신의 나라를 가난하게 하고 우리 제국을 부유하게 만들었다"라고 말한 것으로 전해집니다.

그들은 이스탄불 등 오스만 제국 내 주요 도시의 상업과 금융, 인쇄, 번역 등 분야에서 활동하며 중요한 역할을 합니다.

아슈케나지 유대인

아슈케나지 유대인들은 주로 중세 이후 독일과 동유럽 지역에 거주하면서, 히브리어와 독일어 기반의 이디시어를 사용한 사람들입니다. 그들은 기독교 문화권 내에서의 차별과 박해 속에서도 독자적으로 종교, 학문 전통을 발전시켜 왔습니다.

특히 그들은 중세 유럽의 경제와 상업에서 중요한 역할을 했습니다. 기독교 사회에선 이자를 받는 행위가 금지되었기 때문에 자연스럽게 금융업에 종사할 수 있었습니다.

그러나 사업의 결과로 이어진 막대한 이익으로 종종 반감을 사기도 했으며, 경제적 필요에 따라 추방되었다가 다시 불려오는 일이 반복되었죠.

11세기 말에는 성지 탈환을 목적으로 한 십자군 전쟁이 시작되며 유럽 전역에서 반유대주의 정서가 강화되었습니다. 십자군이 진군하는 과정에서 유럽 내 유대인 공동체를 공격하는 일이 빈번히 발생했으며, 유대인들은 학살과 추방을 반복적으로 겪어야 했습니다.

1215년 제4차 라테란 공의회는 유대인들에게 타인과 구별되는 표식을 부착하도록 의무화했는데, 중세 유럽의 제도적 반유대주의를 상징하는 대표적 조치였습니다.

유럽 사회에서 반유대주의 정서가 강화되면서, 아슈케나지 유대인들은 중세 후기에 접어들며 보다 제한된 공간에서 살아가야 했습니다. 대표적 예가 게토 제도죠.

16세기 초 베네치아에서 처음 등장한 이 제도는 유대인들을 특정 지역에 강제로 거주시켜 기독교 사회와의 분리를 제도화한 것이었습니다.

이후 게토는 이탈리아를 비롯한 유럽 각지로 확산되었고,

욤 키푸르 회당에서 기도하는 아슈케나지 유대인

유대인들은 대체로 성벽으로 둘러싸인 지역에서 거주하며 통행과 직업 선택, 주거지 이탈에 제한을 받았습니다.

하지만 중부와 동유럽에선 아슈케나지 유대인 공동체가 상대적으로 더 자율성을 누리며 성장했습니다. 특히 폴란드-리투아니아 연방은 16세기부터 유대인에게 비교적 관대한 정책을 펼쳐, 유대인 인구의 중심지가 서유럽에서 동유럽으로 옮겨가는 계기가 되었습니다.

유대인들은 세금 징수, 임대 관리, 상업 등에서 활발히 활동하며 지역 경제의 한 축을 담당했고, 상당한 공동체적 기반을 다질 수 있었습니다.

미즈라히 유대인

미즈라히 유대인들은 이라크, 이란, 예멘, 시리아, 북아프리카 등 중동 지역에 정착해 아람어, 아랍어, 페르시아어 등의 현지 언어를 사용하며, 오랜 세월 이슬람 문화권에서 딤미(비무슬림 보호민)라는 신분으로 고유한 종교 전통과 생활 문화를 유지한 유대인들을 말합니다. 다만 북아프리카 유대인들의 경우 세파르디와 미즈라히 사이에서 분류가 애매한 경우도 있습니다.

그들은 정착한 지역의 문화적 특성과 융합해 독특한 전통을 유지해 왔습니다. 예를 들어 바빌로니아에 거주했던 유대인들은 『바빌로니아 탈무드』를 집필하며 유대 율법의 발전에 중요한 기여를 했습니다. 주로 아랍어, 페르시아어, 아람어 등을 사용하며 메소포타미아 문명과도 깊이 연관되어 있었죠.

다마스쿠스 출신의 미즈라히 유대인 가족

한편 이슬람 통치자들은 유대교와 기독교를 믿는 사람들을 경전을 가진 사람들로 인정하고, 비교적 관용적인 정책을 펼쳤습니다. 지즈야를 내는 조건으로 미즈라히 유대인들은 이슬람 세계에서 상대적으로 안전하게 살며 상업과 학문 분야에서 번성할 수 있었습니다.

그러나 모든 시기에 이슬람 통치자들이 관대했던 건 아닙니다. 특히 12세기 북아프리카의 무와히드 왕조는 미즈라히 유대인과 기독교인들에게 개종을 강요하고 탄압하는 등 강경한 정책을 펼치기도 했습니다.

유대인에 대한 구분은 유대인들이 고대 디아스포라 이후 다양한 지역에서 어떻게 문화적 정체성과 종교적 전통을 유지하며 살아왔는지를 보여주는 중요한 역사적 지표라 하겠습니다.

밀라노 칙령, 또 다른 불행의 시작

두 차례의 유대-로마 전쟁에서 패배한 유대인들은 고향을 잃고 여러 지역으로 흩어졌습니다. 1세기경에 이미 약 800만 명의 유대인이 세계 각지로 흩어진 것으로 추정됩니다.

유대인들은 유럽과 중동 곳곳에 정착해 새로운 생활을 시작했지만, 그들에게 다가온 시대적 변화는 또 다른 도전과 시련을 의미했습니다.

313년에 발표된 '밀라노 칙령'은 기독교 역사에서 중요한 전환점으로 평가됩니다. 콘스탄티누스 1세와 리키니우스가 밀라노에서 혼인동맹을 맺고 공동으로 발표한 법령으로, 기독교를 공식 인정하고 그동안의 탄압을 끝낸다는 내용이었습니다.

하지만 이 조치는 유대인들에게 박해의 시작점을 알리는 사건이기도 했습니다. 기독교 초기 역사에서 유대인들은 종종 예수의 죽음을 초래한 민족으로 묘사되었고, 이러한 인식은 중세 유럽 전반에 걸친 반유대 정서의 뿌리를 형성하게 만들었죠.

그 결과, 유대인들은 로마 사회에서 농사를 짓거나 군인이 되어 전쟁에 참가할 수 있는 자격을 박탈당했습니다. 그들이 로마 사회에서 시민이 가지는 기본적 권리를 잃었음을 의미했습니다.

콘스탄티누스 1세와 리키니우스 협정 기념비 ⓒGiovanni Dall'Orto

유대인들은 이러한 제한 속에서 살아남기 위해 시민들이 기피하던 직업에 종사할 수밖에 없었습니다. 예를 들어 상업, 대부업, 전당포업 같은 직업들은 당시에는 천박한 일로 여겨졌습니다.

하지만 아이러니하게도 이와 같은 배제 속에서 유대인들은 점차 경제적 전문성과 부를 축적해 나갔고, 로마 사회 내에서 그들을 더욱 눈에 띄는 집단으로 만들었습니다.

이처럼 로마 제국은 유대인을 자신들이 만든 사회적 틀 속에서 특정 역할로 몰아넣었지만, 동시에 유대인의 성공에 대한 불신과 질투도 커져갔습니다.

시간이 흐르면서 유대인은 각종 사회적 불안이나 경제적 문제의 희생양으로 지목되었고, 이러한 차별과 박해는 점점 더 노골적으로 나타났습니다.

유대인을 죽이거나 추방하면 그들에게 진 빚을 갚지 않으면서 문제를 해결할 수 있었습니다. 결국 수많은 유대인이 더 이상 로마 제국에서의 삶에 희망을 갖지 못하고 다른 지역으로 이주하기 시작했습니다.

유대인의 상업 활동과 금융 네트워크가 사라지자 일부 지역 경제는 예상치 못한 공백을 겪었습니다. 유대인의 역할이 단순히 부유한 소수가 아닌 경제 구조의 일환이었음을 보여주죠.

종합해 보면, 밀라노 칙령 이후 로마 제국 내 유대인들은 종교적·사회적 차별에 직면하며 점점 더 주변화되었고 디아스 포라의 확산과 함께 중세 유럽 전역에서 유대인 공동체가 형성 되는 역사적 배경이 되었다고 할 수 있습니다.

유대인, 스페인을 떠나 유럽을 부유하게 하다

스페인의 레콩키스타는 이슬람 세력을 몰아내고 이베리아반도의 기독교 왕국들이 영토를 확장해 나간 일련의 정복 전쟁이었습니다.

그 과정에서 이베리아반도의 왕국들은 막대한 전쟁 비용을 감당해야 했고, 이를 충당하고자 유대인 대부업자들에게 일정 부분 의존했습니다.

당시 유대인들은 금융과 상업에서 큰 역할을 했는데, 특히 유대인 재정가들은 국왕과 귀족들에게 중요한 자금 지원을 했습니다.

저스티스의
한 뼘 더 깊은 세계사
(중동 편)

카스티야와 아라곤 등 일부 왕국에선 유대인들이 세금 징수와 회계 관리 등 실무에 참여하면서 국가 재정에 일정한 역할을 수행했죠.

페르난도 2세와 이사벨 1세는 이베리아반도를 통일한 이후에도 유대인들에게 돈을 빌리며 전쟁과 국가 경영에 필요한 자금을 충당했습니다.

이렇듯 유대인들의 경제적 영향력은 점점 커졌지만, 동시에 왕국 내에서 유대인들에 대한 반감도 같이 증가했습니다.

14세기 흑사병이 유럽을 휩쓸었을 때, 유대인들이 독을 퍼뜨려 전염병을 일으켰다는 소문이 퍼졌습니다. 유럽 각지에서 이러한 소문은 유대인 학살로 이어졌으며, 스페인에서도 마찬가지였습니다.

또한 유대인들의 금융업은 기독교 사회에서 금지된 고리대금업과 연결되어 있었기 때문에, 경제적으로 어려운 시기에 유대인들은 더욱 비난의 대상이 되었습니다.

1492년 '알함브라 칙령'은 유대인 추방령을 공식화했습니다. 표면적으로는 종교적 이유, 즉 가톨릭 기독교의 지배를 확립하기 위한 조치였지만 경제적 동기도 강하게 작용했습니다.

당시 스페인은 레콩키스타로 막대한 재정적 부담을 안고 있었는데, 유대인들에게 빌린 돈을 갚는 대신 그들을 추방하고

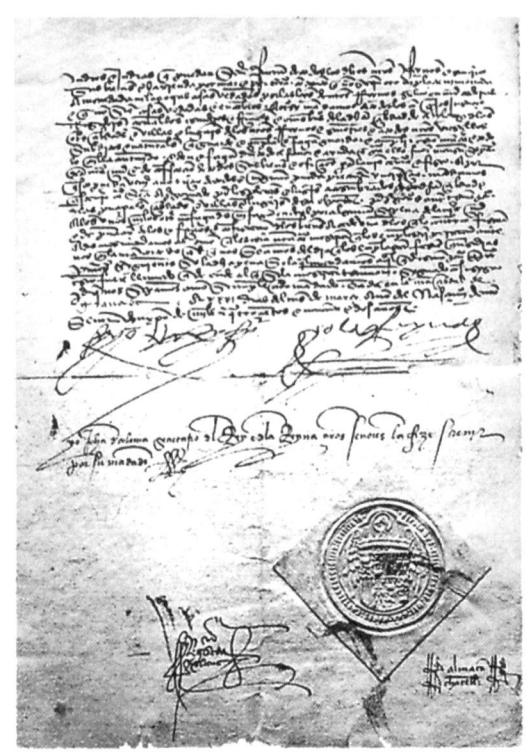

알함브라 칙령 복사본

그들의 재산을 몰수하는 게 왕실의 채무 해결책으로 채택되었습니다. 그러나 이러한 단기적 해결책은 장기적으로 스페인의 경제적 손실을 초래했죠.

유대인들은 당시 스페인 사회에서 상업, 금융, 의학, 학문 등 다양한 분야의 중요한 역할을 수행했습니다. 특히 유대인 학자들과 의사들은 왕실과 귀족들에게 중요한 자문 역할을 하며 스페인의 경제적 번영에 기여했죠.

하지만 1492년 유대인 추방령 이후 스페인은 그들의 재능과 경제 역량을 상실했습니다. 단기적으로는 유대인의 재산을 몰수해 채무 문제를 해결할 수 있었지만, 장기적으로는 추방으로 경제적 기반을 잃고 오랜 기간 무역과 상업에서 경쟁력을 잃었습니다.

유대인들은 스페인에서 추방된 후 오스만 제국, 북아프리카, 이탈리아, 네덜란드, 프랑스 등으로 이주했습니다. 특히 네덜란드와 이탈리아, 오스만 제국 등은 유대인들을 받아들여 상업과 금융 분야에서 큰 역할을 할 기회를 제공했죠. 유대인들은 새로운 정착지의 상업과 학문 분야에서 두각을 나타내며, 그 지역의 경제와 문화적 발전에 중요한 기여를 했습니다.

스페인 왕국은 유대인을 추방한 후 식민지에서 금과 은을 대량으로 확보했지만 효율적으로 관리하지 못했고, 인플레이션과 재정적 불안이 이어졌습니다. 특히 무역과 금융에서 유대인의 역할을 대체할 수 없었기 때문에 장기적으로 경제적 후퇴가 더욱 심화되었습니다.

네덜란드의
개혁자가 된 유대인들

1492년 스페인과 1497년 포르투갈에서의 유대인 추방 이후, 많은 유대인이 새로운 삶의 터전을 찾고자 유럽 곳곳으로 흩어졌습니다.

그중 상당수는 네덜란드로 이주했죠. 당시 네덜란드는 낮은 땅으로 불리며 저지대의 늪지로 알려진 지역이었고, 치수와 개간 작업이 필수적인 곳이었습니다.

그러나 16세기에는 중세의 암흑기를 지나 근대 중상주의가 발아하며 상업과 금융이 중시되는 시대로 접어들었고, 네덜란드는 새로운 상업의 중심지로 떠오르고 있었습니다.

네덜란드는 타 유럽 국가들과 달리 종교적 관용 정책을 내세웠습니다. 종교 갈등과 전쟁으로 사회가 혼란스러웠던 타 지역들과 달리 네덜란드는 다양한 종교와 문화가 공존할 수 있는 환경을 제공했습니다.

　이런 배경 속에서 세파르디 유대인들은 네덜란드의 주요 도시에서 새로운 기회를 얻었습니다. 특히 암스테르담은 북쪽

네덜란드 암스테르담 증권거래소를 묘사한 판화

의 예루살렘으로 불리며 많은 유대인이 정착했죠.

네덜란드 당국은 유대인들에게 종교적 자유와 경제 활동의 자유를 보장함으로써, 그들이 상업과 금융 분야에서 활발히 활동할 수 있는 환경을 조성했습니다.

그렇게 유대인들은 네덜란드에서 상업과 금융의 새로운 장을 열었습니다. 이베리아반도에서 경험한 상업적 네트워크를 바탕으로 지중해와 대서양을 잇는 무역망을 구축했죠.

그 결과, 네덜란드는 유럽의 주요 해상 무역의 중심지로 부상했습니다. 유대인들은 네덜란드에서 세계 최초로 주식을 발행하는 데 기여하고 근대적 은행 시스템을 도입하며, 증권거래소를 개장하는 데 역할을 했습니다.

1602년 설립된 동인도회사는 세계 최초의 주식회사로 다수의 투자자가 주식을 통해 참여하는 근대 기업 모델의 시작입니다. 이어 '암스테르담 증권거래소'는 세계 최초의 증권거래소로 발전했죠. 이러한 금융 혁신은 네덜란드를 17세기 유럽 자금시장의 선구자로 만들었습니다.

네덜란드는 스페인과의 독립전쟁에서 경제적·군사적 힘을 확보할 수 있는 기반을 마련했습니다.

한편 네덜란드 유대인 공동체는 단순히 상업과 금융에만 기여한 게 아니라 학문과 문화에서도 의미 있는 성과를 이뤘습니다. 암스테르담의 유대인들은 예배당과 학교를 세워 유대교 교육을 이어갔죠. 히브리어 출판업을 활발히 전개해 유대 문화와 종교의 지식 전파에 기여했고요.

바뤼흐 스피노자와 같은 유명한 철학자도 그 시기에 암스테르담 유대인 사회에서 활동했습니다. 스피노자는 기독교 사회에서 종교적 교리와 권위주의에 대한 비판적 사고를 전개하며 유럽 지성사에 큰 영향을 미쳤습니다. 그의 철학적 저술은 신앙과 이성을 통합하려는 시도로 유럽 계몽주의의 밑거름이 되었죠.

세파르디 유대인을 비롯한 다양한 집단의 기여 덕분에 네덜란드는 17세기 유럽에서 상업과 금융의 중심지로 성장했으며, 일정 기간 철학과 학문 활동에서도 주목받는 지적 공간으로 자리 잡았습니다. 나아가 이후 유럽 역사에서 네덜란드의 국제적 위상을 공고히 하는 데 기여했습니다.

세파르디 유대인의 네덜란드 정착은 유럽의 경제사와 지성사에 뚜렷한 흔적을 남긴 중요한 역사적 사건이라 할 수 있겠습니다.

위기를 기회로,
30년전쟁과 유대인

1618년에 시작되어 1648년까지 계속된 '30년전쟁'은 유럽 역사 상 가장 파괴적 갈등 중 하나였습니다. 신성 로마 제국 내 개신 교와 가톨릭 간의 종교적 대립에서 비롯되었지만, 전쟁이 장기 화됨에 따라 정치적·경제적 이해 관계가 복잡하게 얽히며 범유 럽 전쟁으로 확산되었죠. 프랑스, 스웨덴, 스페인 등 외세의 개 입으로 종교 분쟁을 넘어 유럽 내 패권을 둘러싼 치열한 경쟁으 로 변질되었습니다.

  이 전쟁은 특히 독일 지역에 엄청난 인적·물적 피해를 남겼 습니다. 많은 도시가 파괴되고 농업 기반이 붕괴되었으며, 일부 지역에선 인구가 절반 이상 감소했다는 추정도 있습니다. 이러한 참상 속에서 유대인 공동체 역시 중대한 고난을 겪었습니다.

전통적 반유대주의 정서와 종교적 편견은 전쟁의 불안정한 상황과 맞물려 유대인들을 약탈과 폭력의 대상으로 삼았습니다. 특히 독일 내 유대인들은 자주 희생양이 되었고, 공동체의 존속 자체가 위협받는 경우도 있었습니다.

그럼에도 불구하고 일부 유대인들은 혼란한 상황에서도 경제적 기회를 포착했습니다. 전쟁으로 기존의 물자 공급망이 마비되자, 일부 유대 상인들과 금융업자들은 자신들의 광범위한 네트워크를 활용해 군수 물자와 자금을 일부 제후국에 제공하며 제한적이지만 전시 경제에 참여했습니다.

무역 중개, 대부, 금전 대차 등의 방식으로 군대와 제후의 자금 운용에 관여했고, 유럽에서 유대인이 전시 자금 조달과 군수 경제와 관련된 활동을 확대하는 초기 사례 중 하나로 평가할 수 있습니다.

1648년 베스트팔렌 조약으로 전쟁이 종식된 이후, 유대인들은 단순한 생존자를 넘어 지역 경제의 재건 과정에 일정한 역할을 수행했습니다. 특히 상업과 금융 부문에서 물자 유통과 신용 거래로 회복 기반을 마련하는 데 기여했죠.

이러한 활동은 모든 지역에서 일괄적으로 나타난 건 아니지만, 일부 도시와 지역에선 유대인 공동체가 점차 입지를 회복하거나 강화하는 결과로 이어졌습니다.

특히 네덜란드는 전쟁 기간 상대적으로 안정된 환경을 유지했던 만큼 유대인 공동체가 상업, 학문, 출판 등의 분야에서 활발하게 활동할 수 있는 여건이 마련되었습니다.

그렇게 암스테르담은 유대인들의 중심지로 떠오르며 유럽

1648년 베스트팔렌 조약 비준

유대 사회의 새로운 경제·문화 중심지로 자리 잡았고, 이후 유럽 각지에서 유대인의 사회적·경제적 위상을 강화하는 데 중요한 기반이 되었습니다.

결론적으로 30년전쟁은 유대인 공동체에게 커다란 고난을 안겨줬지만, 동시에 그들은 전시 경제와 전후 복구 과정 속에서 경제적 역량을 충분히 발휘하며 제한된 틈새에서 기회를 만들어 냈습니다.

이러한 경험은 이후 유대인들이 위기 속에서도 생존하고 적응하며 발전해 나가는 중요한 전환점이 되었고, 유럽 경제사 속 유대인의 위치를 더욱 분명하게 각인시키는 계기가 되었습니다.

무역의 텀병,
유대인 네트워크가 만든 세계

중세와 르네상스 시대를 거치며 유대 상인들은 유럽 각지뿐만 아니라 아시아 시장으로도 활동 영역을 넓혀 갔습니다.

초기에는 지중해와 중동을 연결하는 무역망으로 상업적 기반을 다졌으며, 점차 인도양과 실크로드를 포함한 아시아 전역으로의 교역을 확대해 나갔습니다.

그들의 상업 네트워크는 종교, 언어, 관습의 차이를 뛰어넘어 다양한 문화권과의 교류를 가능하게 했고, 유대 상인들이 국제 무역에서 중개자로서 중대한 역할을 수행하는 기반이 되었습니다.

유대 상인들은 육상 교역로인 실크로드를 따라 중앙아시아와 페르시아를 경유해 동방으로 진출하는 한편 홍해와 인도양을 통한 해상 무역으로 인도, 동남아시아, 심지어 극동까지 접근했습니다. 향신료, 비단, 보석 등 아시아산 귀중품을 유럽 시장에 소개하며 큰 이익을 거뒀고, 유럽 상류층의 소비 문화를 변화시키는 데도 영향을 미쳤습니다.

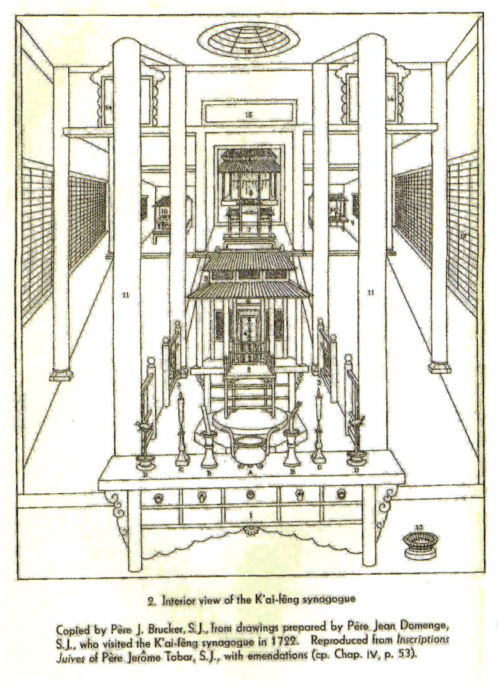

2. Interior view of the K'ai-fêng synagogue

Copied by Père J. Brucker, S.J., from drawings prepared by Père Jean Domenge, S.J., who visited the K'ai-fêng synagogue in 1722. Reproduced from *Inscriptions Juives* of Père Jerôme Tobar, S.J., with emendations (cp. Chap. IV, p. 53).

중국 카이펑 회당 내부(18세기)

특히 인도와 동남아시아에선 유대 상인들이 현지 상인들과 협력 관계를 형성하고 상업 네트워크를 확장하는 데 성공했죠. 언어와 문화를 배우며 지역 사회와 신뢰를 쌓았고 종종 현지의 무역 관습에 적응하며 유연한 거래 전략을 펼쳤습니다.

그러나 중국 진출은 상대적으로 까다로운 과정을 필요로 했습니다. 17세기 초 청나라가 건국된 이후, 청나라 조정은 외국 세력의 접근을 제한하는 해금 정책을 시행하며 외국 상인들과의 교역을 제한했습니다. 외국 선박은 광저우 등 특정 항구에서만 제한적으로 무역할 수 있었으며, 유럽 상인들에게 큰 제약이 되었습니다.

이러한 환경 속에서 유대계 출신 상인들이 연계되어 활동한 것으로 알려진 네덜란드 동인도회사는 까다로운 외교적 절차를 감수하면서 청나라와의 교역 루트를 개척했습니다. 일부 사절단은 청 황제 앞에서 삼배구고두례와 같은 예를 행했으며, 제한적이나마 무역권을 획득할 수 있었습니다.

그들이 청나라에 공급한 주요 품목 중 하나는 유럽산 은이었는데, 당시 은은 청나라 경제에서 중요한 화폐로 쓰였기 때문에 수요가 매우 높았습니다.

또한 일본에선 16세기 말부터 이와미 은광 등을 중심으로 은이 대량 생산되었고, 유럽과 아시아 간 무역에 핵심 요소로 작용했죠. 유대 상인들과 유럽 무역 세력은 일본산 은 역시 청나라에 판매하며 큰 이익을 거뒀고, 결과적으로 대량의 은이 청나라로 유입되는 현상을 야기했습니다.

이러한 무역 구조는 청나라 내에 과잉 유입된 은으로 물가 상승 등 인플레이션 문제를 일으켰고, 청 조정의 재정 운영에도 영향을 줬습니다. 아울러 장기간의 은 유출은 19세기 초 영국이 청과의 무역 불균형을 해결하고자 아편을 중국에 밀수하는 배경 중 하나로 이어졌습니다. 훗날 아편전쟁의 구조적 원인 중 하나가 되죠.

결론적으로 유대 상인들은 중세부터 르네상스를 거치며 유럽과 아시아를 잇는 중개자이자 무역 네트워크의 촉진자로서 중요한 역할을 수행했습니다. 그들의 활동은 유럽 시장에 아시아산 상품을 공급함으로써 유럽 경제의 소비 구조를 변화시켰고, 유럽의 상품과 기술이 아시아에 전파되는 통로가 되기도 했습니다.

유대 상인들이 활약한 국제 무역은 양 대륙 간 상호 의존성을 심화시키며 근대 초기 세계 경제의 형성에 기여하는 중요한 촉매 역할을 했다고 평가할 수 있습니다.

런던 금융가에 드리운 유대인의 그림자

17세기 중반, 잉글랜드는 청교도혁명의 결과로 군주제가 일시적으로 폐지되고 올리버 크롬웰이 이끄는 공화정(잉글랜드 연방)이 수립되는 중대한 정치적 변혁을 겪었습니다.

그 시기 잉글랜드는 단순한 정치 체제의 변화에 그치지 않고 해상 무역과 금융 시스템에서도 근본적 혁신을 이뤄내며 근대 경제 체제의 기틀을 다졌습니다. 그 과정에서 유대 상인과 금융가들은 중요한 역할을 수행하며 잉글랜드의 국제적 위상 강화에 기여했죠.

1651년 크롬웰 정부가 제정한 항해법은 이러한 변화의 중심에 있었습니다. 항해법은 잉글랜드와 그 식민지의 모든 수입품은 잉글랜드 선박이나 해당 상품을 생산한 국가의 선박으로만 운송해야 한다는 내용을 담고 있었죠.

사실상 네덜란드를 겨냥한 조치로, 당시 유럽 해상 무역을 지배하던 네덜란드 상인들의 활동을 제약하고 잉글랜드의 해상 무역을 보호·육성하기 위한 전략적 결정이었습니다.

그 결과 잉글랜드는 해상 무역의 중심지로 부상했고, 이러한 흐름은 유대 상인들에게도 새로운 기회를 제공했습니다. 당시 유럽에서 가장 활발한 유대 상업 공동체는 네덜란드 암스테르담에 있었으며, 그들의 성공은 잉글랜드 의회 내부에서 유대인의 재정착 허용 여부를 둘러싼 논쟁을 자극했습니다.

잉글랜드에선 1290년 이래로 유대인이 공식적으로 추방되어 있었지만, 크롬웰은 경제적 실익과 국제 무역에서의 경쟁력을 고려해 유대인의 제한적 귀환을 허용하는 쪽으로 움직였습니다.

결국 1655년, 크롬웰은 유대 상인들의 탄원을 받아들여 유대인의 잉글랜드 내 거주를 사실상 허용했고 이는 잉글랜드 경제의 전환점이 되었죠. 유대인들은 런던을 중심으로 거주지를 형성했고, 특히 금융과 무역 분야에서 활동하며 잉글랜드 경제의 활력을 높이는 데 기여했습니다.

유대 금융가들과 상인들은 잉글랜드 동인도회사와 서인도 회사 등의 국제 무역 기업들과 긴밀히 협력했으며 아시아, 아프리카, 아메리카 대륙을 잇는 글로벌 교역망을 확대했습니다.

특히 서인도 무역으로 설탕, 담배, 면화 등 식민지 생산물의 수입이 활성화되었고, 그와 연계된 노예 삼각무역은 잉글랜드에 막대한 부를 안겨줬습니다.

SEALING OF THE BANK OF ENGLAND CHARTER. 1694.
SIR JOHN HOUBLON,
Governor.
SIR JOHN SOMERS,
Lord Keeper.
MR. MICHAEL GODFREY,
Deputy Governor.

1694년 영란은행 설립 승인

저스티스의
한 뼘 더 깊은 세계사
(중동 편)

아프리카에서 노예를 수입하고 서인도 제도에 공급해 생산한 상품을 유럽으로 되돌리는 구조는 잉글랜드가 네덜란드를 제치고 해상 무역 패권을 장악하게 한 결정적 요인이었습니다.

금융 부문에서도 유대인들의 역할은 뚜렷했습니다. 1694년 설립된 '영란은행'은 유럽 최초의 현대적 중앙은행으로 평가되며 국채 발행과 정부 자금 조달, 통화 안정 등에서 핵심적 역할을 수행했습니다.

당시 유대계 금융가들은 초기 자본 조달과 운영에 실질적 기여를 하며 영국 금융 시스템의 안정을 도왔습니다. 그들은 기존 귀족 중심의 봉건적 금융에서 벗어나 보다 유동적이고 신뢰 기반의 금융 시스템을 정착시키는 데 기여했습니다. 향후 산업혁명의 토대를 마련하는 데 결정적인 요소였죠.

또한 런던 증권거래소의 전신이 형성되기 시작한 17세기 말부터 유대 금융가들은 주식, 채권, 보험 등 다양한 금융 상품의 운용과 투자에 적극적으로 참여하며 영국 자본시장의 발전을 주도했습니다.

그 결과 유대인 공동체는 잉글랜드 내에서 점차 경제적 기반을 다져갔고, 사회적 위상 또한 점진적으로 향상되었습니다.

물론 유대인들에 대한 종교적 차별과 사회적 편견은 여전히 존재했지만, 그들의 상업·금융 활동이 국가적 이익과 직결되면서 인식에 변화가 나타났습니다.

유대인의 귀환은 단순한 인구 이동이 아니라 잉글랜드 경제의 체질을 변화시키고 근대 금융·무역 체제를 수립하는 데 핵심적 기여를 한 사건이었습니다.

이후 유대 상인과 금융가들은 유럽 각국에서도 유사한 역할을 수행하며 국제 무역망의 확장과 금융 시장의 발전에 중심적 존재로 자리 잡기에 이릅니다.

그들의 활동은 유럽 경제를 넘어 근대 자본주의 경제 질서의 형성과 발전에 구조적 기여를 한 것으로 평가할 수 있습니다.

인도에서 런던까지, 유대인 상인 네트워크

17세기 후반, 동인도회사가 인도에서 들여온 면직물 캘리코는 유럽인들 사이에서 폭발적인 인기를 끌었습니다. 부드럽고 가벼우며 커튼, 침대 시트, 드레스 등 다양한 용도로 활용할 수 있어 소비자들의 큰 호응을 얻을 수 있었죠. 당시 유럽에서 생산되던 모직물이나 리넨은 품질과 가격 면에서 인도산 캘리코와 경쟁하기 어려웠습니다.

하여 값싸고 품질 좋은 인도산 면직물이 유럽 시장에 대량 유입되면서, 잉글랜드의 전통적 모직물 산업은 큰 위기를 맞았습니다.

잉글랜드 정부는 국내 산업을 보호하고자 1700년대 초반부터 인도산 면직물 수입을 제한하기 시작했습니다. 1701년과 1721년에 통과된 캘리코법은 인도산 면직물의 수입 및 유통을 금지했고 위반 시 엄중한 벌금을 부과했죠.

　　하지만 캘리코에 대한 소비자 수요는 줄지 않았고 암시장과 밀수 또는 재수입을 통한 유입은 계속되었습니다. 그에 따라 잉글랜드는 인도산 면직물에 대항할 수 있는 자국 면직물 산업

플라시 전투

을 육성하려 했고, 그 핵심은 양질의 원면 확보에 있었습니다.

인도는 최고 품질의 원면 산지였지만, 당시 인도 상인들에겐 원면을 수출하기보다 직접 면직물로 가공해 파는 게 더 큰 이익이었기에 원면 수출에 적극적이지 않았습니다.

영국은 대신 카리브해나 브라질 등 다른 식민지에서 원면을 수입해 면직물을 생산해 보려 했으나, 품질이나 생산량 모두 인도산에 비해 부족했습니다. 이에 영국은 인도 원면 공급을 직접 장악할 방안을 모색합니다.

이런 배경 속에서 1757년 플라시 전투가 결정적 전환점이 되었습니다. 이 전투는 무굴 제국의 반독립국인 벵골 토후국과 그들의 프랑스 동맹군이 로버트 클라이브가 이끄는 영국 동인도회사의 군대와 충돌하면서 벌어졌습니다.

벵골의 나와브(태수)였던 시라즈 우드다울라는 자국 내에서 점차 강해지는 영국 동인도회사의 상업적·군사적 영향력에 강한 불만을 품고 있었는데요. 그는 회사의 요새를 공격했고 그에 맞서 영국군이 플라시에서 전투를 벌였습니다. 결과는 영국의 일방적인 승리였죠.

플라시 전투 이후 영국 동인도회사는 벵골을 포함한 인도 동부 지역에서 사실상 통치권을 확보했고, 1765년에는 세금 징수권을 획득합니다. 영국이 벵골의 경제를 직접 통제할 수 있는 법적 근거가 되었고, 이후 대규모의 인도산 원면이 영국으로 수탈되기 시작했죠.

값싸고 질 좋은 원면이 안정적으로 공급되자 영국은 면직물 생산을 폭발적으로 늘릴 수 있었습니다. 영국 산업혁명의 촉매제가 되었으며 면 방적기, 방직기, 증기기관 등의 기술 혁신으로 이어졌습니다.

면직물 산업은 산업혁명의 선도 부문이 되었고, 영국의 경

데이비드 사순과 그의 아들들

제 구조 전반을 바꾸는 계기가 되었습니다.

그 과정에서 중요한 역할을 한 또 다른 주체는 유대인 금융 가와 상인들이었습니다. 그들은 산업혁명 초기의 자본 공급자 였으며, 동시에 유럽과 아시아를 연결하는 국제 유통망을 형성 했습니다.

특히 런던과 인도 봄베이(현재의 뭄바이)를 중심으로 활약한 유대 상인들은 면직물, 향신료, 보석, 차, 아편 등 다양한 상품의 무역을 주도했죠. 봄베이는 영국 식민지 체제하에서 유럽과 아 시아를 연결하는 무역 허브가 되었으며, 그 중심에는 유대인 무 역 가문들이 있었습니다.

대표적으로 데이비드 사순과 그의 후손들이 봄베이에서 거 대 무역망을 구축했습니다. 사순 가문은 면직물뿐 아니라 아편 무역 등에서도 막대한 부를 축적했고, 그들의 활동은 동양의 로 스차일드로 불릴 정도로 큰 영향력을 행사했습니다.

물론 이러한 성공은 단순한 상업적 재능뿐 아니라 영국 식 민 통치 체제와의 전략적 협력 및 제국주의 경제 구조 속에서 가능했던 것이기도 합니다.

17세기와 18세기에 걸친 영국-인도 간 무역 구조의 변화, 그리고 플라시 전투를 통한 식민지 지배권 확립은 영국 산업혁 명의 토대를 형성했습니다.

그 과정에서 유대인 금융가와 상인들은 자본 투자와 유통 네트워크 확장으로 핵심 역할을 수행했으며, 그들의 활동은 글로벌 무역 시스템의 발전과 영국 중심의 세계 경제 질서 형성에 중요한 기여를 했습니다.

돈과 혁신,
세계를 움직인 유대인들

19세기 이후, 로스차일드 가문과 워버그 가문 등 유럽과 미국의 유대계 금융 자본이 본격적으로 국제 금융 시장에서 영향력을 확대하기 시작했습니다.

산업화와 제국주의 경쟁, 식민지 쟁탈전이 절정에 달했던 시기로, 유대인 금융가들과 투자자들은 각국 정부의 재정 운용과 대규모 국제 프로젝트의 자금 조달에 중요한 역할을 맡으며 국제 정세에 실질적 영향을 끼쳤습니다.

그 대표 사례 중 하나가 1904년에 발발한 러일전쟁인데요. 일본 제국과 러시아 제국이 한반도와 만주 지역에서의 세력권과 이권을 두고 벌인 충돌로, 동아시아의 지형을 바꾸는 결정적 전쟁이었습니다.

양국은 자국의 경제적·정치적 이익 확대를 위해 한반도와 만주 지역을 전략적 요충지로 삼았고, 전쟁은 일본의 승리로 마무리되었습니다.

1905년 미국의 시어도어 루스벨트 대통령의 중재 아래 체결된 포츠머스 조약은 미국이 아시아 문제에 본격적으로 개입하는 전환점이 되었는데요. 러시아는 조선과 만주에서 철수하고 남사할린을 일본에 할양했습니다.

당시 일본은 메이지 유신으로 급속한 근대화를 추진해 열강의 반열에 오르긴 했지만, 거대한 제국 러시아와의 장기전을 수행할 만한 충분한 재정력을 갖추지 못한 상태였습니다.

그때 일본 정부에 결정적 금융 지원을 제공한 인물이 바로 미국 유대계 금융가 제이콥 쉬프였죠. 그는 미국의 대표적 투자 금융 회사인 쿤-로엡 사의 대표로, 당시 세계 금융계에서 막강한 영향력을 행사하던 인물 중 하나였습니다.

쉬프는 러시아 제국에서 반복적으로 발생하던 유대인 박해, 즉 포그롬에 강한 반감을 갖고 있었습니다. 1903년 포그롬과 같은 사건은 유대계 국제 금융가들에게 큰 충격을 줬고, 쉬프는 인도주의적·정치적 이유에서 러시아에 맞선 일본을 지원하

제이콥 쉬프

기로 결심합니다.

　그는 1904년 런던에서 일본은행 부총재와의 만남을 계기로 전쟁 자금 지원을 논의했고, 이후 총 다섯 차례에 걸쳐 약 2억 달러(당시 기준, 전비의 약 40%)에 달하는 자금을 일본 정부에 융자했습니다.

　그 자금은 전쟁 수행에 필요한 무기, 병참, 선박 등을 확보하는 데 큰 도움이 되었으며, 일본이 전쟁을 지속하고 최종 승리를 거두는 데 결정적 배경이 되었습니다.

일본의 승리는 아시아에서 서구 열강의 독점적 지위에 균열을 가져왔으며, 러시아 제국 내부의 정치 불안과 1905년 혁명으로 이어지는 촉매제가 되기도 했죠.

이 사례는 국제 금융 자본, 특히 유대계 금융가들이 단순한 이윤 추구를 넘어 정치적·사회적 신념에 따라 역사적 사건에 영향을 미칠 수 있음을 보여주는 대표적 예라 할 수 있습니다.

한편 19세기 말부터 20세기 전반에 걸쳐 유대계 인물들은 금융뿐 아니라 산업, 과학, 문화, 예술, 언론, 정치 등 다양한 분야에서 세계적인 영향력을 발휘했습니다.

예를 들어 마이클 블룸버그는 금융정보 및 미디어 기업인 블룸버그 L.P.를 창업해 글로벌 금융 시스템에 지대한 영향을 미쳤으며, 뉴욕 시장으로서 도시 행정에도 뚜렷한 족적을 남겼습니다.

반도체 산업의 개척자 중 한 명인 로버트 노이스는 인텔의 공동 설립자로, 현대 컴퓨터와 정보 기술 발전의 토대를 마련했습니다.

또한 미국의 영화 산업 중심지인 할리우드는 유대계 창업자들에 의해 MGM, 파라마운트 픽처스, 유니버설 스튜디오 등이 설립되면 초석을 다질 수 있었습니다.

언론 분야에서도 아돌프 옥스는 〈뉴욕타임스〉를 인수한 뒤 미국의 대표 언론 기관으로 성장시켰습니다.

유대계 인물들은 창의성과 기업가 정신, 교육에 대한 투자, 글로벌 네트워크를 바탕으로 다양한 분야에서 혁신을 주도해 왔으며, 그들의 활동은 인류의 지식과 문화 발전에 실질적 기여를 했습니다.

약속의 땅 이스라엘, 건국이라는 분쟁의 씨앗

'이스라엘'의 건국 과정은 19세기 후반에 시작된 시오니즘 운동에서 비롯되었습니다. 시오니즘은 유대 민족이 자신의 역사적 고향으로 여기는 팔레스타인 지역에 독립 민족 국가를 수립하려는 민족 운동을 말합니다.

19세기 말, 유럽에서 유대인에 대한 박해가 증가하면서 시오니즘 운동이 유대인들 사이에서 크게 확산되었는데요. 1897년 8월, 스위스 바젤에서 유대 언론인 테오도르 헤르츨의 주도로 제1차 시온주의자 회의가 열렸습니다.

세계 각지의 유대인 대표들이 모여 성지 예루살렘이 있는 팔레스타인에 유대 국가 건설을 목표로 하는 바젤 강령을 채택했습니다. 현대 이스라엘 국가 건국 운동의 출발점이죠.

이후 시온주의자 회의는 2년에 한 번씩 개최되었습니다. 1904년 헤르츨의 사망 이후 운동의 방향성에 대한 혼선이 있었지만 시오니즘 운동은 계속해서 유럽과 미국, 러시아의 유대인들에게 확산되었죠.

1905년 러시아 혁명이 실패하자 러시아 내 반유대 폭동인 포그롬이 대규모로 발생했고, 많은 유대인이 팔레스타인으로 이주하기 시작했습니다.

19세기 후반부터 시작된 제1차 알리야(유대인 귀환 운동)로 1914년까지 약 9만 명의 유대인이 팔레스타인에 정착했는데요. 그들은 대부분 경제적으로 어려운 가난한 이주민들이었기에 재정적 지원이 절실한 상황이었습니다.

그 시기에 유대인 재력가였던 에드몽 제임스 로스차일드는 팔레스타인에 이주하는 유대인들에게 막대한 자금을 지원하기 시작했습니다.

그는 팔레스타인 여러 지역에 유대인 정착지를 구입하고 농업 공동체를 설립하는 데 중요한 역할을 했습니다. 그의 지원으로 팔레스타인 일부 지역에서 유대인 인구가 증가하고, 유대인 경제와 문화가 성장할 수 있는 기반이 마련되었습니다.

로스차일드 가문은 파리와 런던을 비롯한 다른 지역에서도 팔레스타인 유대인들을 지원하기 시작했죠. 그 결과 에드몽 로스차일드는 이스라엘 건국의 아버지로 불렸으며, 그의 재정적 지원은 팔레스타인에서 유대인 정착촌 형성과 경제적 자립에 결정적으로 기여했다고 평가할 수 있습니다.

1914년 에드몽 로스차일드의 팔레스타인 방문

1914년에는 오스만 제국이 제1차 세계대전 중 동맹국 측에 가담했고, 팔레스타인이 영국과의 전쟁 무대가 되었습니다. 1915년 10월, 영국은 오스만 제국과 수에즈 운하를 둘러싸고 격렬하게 싸우던 중 외교관 헨리 맥마흔을 통해 메카의 수장(샤리프) 후세인 이븐 알리에게 전쟁 협력을 요청하며, 전쟁 후 독립을 약속했습니다.

곧 후세인-맥마흔 서신인데, 팔레스타인의 아랍인들은 오스만 제국과 맞서 싸웠습니다. 하지만 영국은 동시에 다른 전략을 구상하고 있었죠.

1916년, 전쟁 상황이 악화되자 영국은 미국을 전쟁에 끌어들이고자 세계 시온주의자 연맹의 대표인 라이오넬 월터 로스차일드와 비밀리에 회동해, 전쟁 후 팔레스타인을 유대인들에게 넘겨주겠다고 약속합니다.

시온주의자들은 영국이 전쟁에서 승리할 경우 팔레스타인에 유대인 국가를 세울 수 있을 거라는 기대를 가졌죠. 그러나 당시 미국 내 시온주의자들은 영국 정부의 약속 이행 여부에 대해 여전히 회의적이었습니다.

이러한 상황에서 영국 정부는 시오니즘을 지지하는 데이비드 로이드 조지를 총리로 임명해 미국 내 유대계 지도자들을 설득했습니다.

그 결과 1917년 4월 우드로 윌슨 미국 대통령이 의회의 동의를 얻어 독일에 선전포고를 하고 같은 해 11월에 밸푸어 선언을 발표하죠.

이 선언은 영국이 팔레스타인에 유대민족의 국가 건국을 지지한다는 내용이었습니다. 다시 말해, 영국이 시오니즘 지지를 공식화한 것이었습니다.

밸푸어 선언을 발표한 뒤에는 맨체스터 대학교의 화학 교수였던 하임 바이츠만의 역할이 있었습니다. 그는 유기물로부터 아세톤을 대량 생산하는 기술을 개발해 영국 군수산업에 기여했는데, 시온주의의 정치적 리더로서 영국과의 협상에서 중요한 역할을 했습니다.

그의 노력은 밸푸어 선언의 발판이 되었고 영국이 팔레스타인에 유대인 국가 건설을 지지하게 만드는 데 기여했습니다. 바이츠만은 후에 이스라엘의 초대 대통령이 되어 현대 시오니즘 운동의 중요한 인물로 자리 잡았죠.

제1차 세계대전이 끝난 후 오스만 제국이 패하면서 그 영토는 영국과 프랑스에 의해 분할되었습니다. 1920년 산레모 회의에서 팔레스타인 지역은 영국의 위임통치 아래 놓였고, 요르단강을 기준으로 동쪽은 트란스요르단(요르단 왕국) 서쪽은 팔레스타인으로 나뉘었습니다.

1922년 당시 팔레스타인 인구는 약 59만 명의 이슬람교도와 8만 명의 유대인으로 구성되어 있었으나, 밸푸어 선언 이후 영국의 지원과 유대인 이주로 유대인 인구는 1930년대에는 24만 명으로 증가했습니다.

이러한 인구 변화는 팔레스타인 내 아랍인들로 하여금 자신들의 경제적·정치적 영향력이 위협받고 있다는 불안감을 키웠죠. 그렇게 1936년부터 1939년까지 영국의 정책에 반발해 팔레스타인 아랍 봉기가 계속되었습니다.

팔레스타인 아랍 봉기 당시 아랍 전사들

영국은 강경책을 사용했지만 결국 1939년에 유대인의 이주를 제한하는 새로운 방침을 발표했습니다. 그러나 이 정책은 유대인과 아랍인 양쪽 모두에게 불만을 초래하는 최악의 결정이었죠.

한편 제2차 세계대전이 발발하자 독일의 홀로코스트를 피해 유대인들이 팔레스타인으로의 이주를 더욱 재촉했습니다. 이는 아랍인과 유대인 간의 갈등을 더욱 고조시켰죠.

전쟁이 끝난 후 영국은 더 이상 팔레스타인 문제를 해결할 수 없다고 판단해 유엔에 이관해 버립니다. 1947년, 유엔은 팔레스타인 지역을 아랍인과 유대인의 국가로 분할하는 계획과 예루살렘을 국제 관리 구역으로 지정하는 내용을 제안합니다.

이스라엘은 1948년 5월 14일 유엔의 분할 계획에 따라 건국을 선포했지만, 이를 거부한 주변 아랍 국가들과의 충돌로 제1차 중동전쟁이 발발했습니다. 그렇게 시작된 아랍 국가와 이스라엘 간의 전쟁이 영토 문제, 난민 문제, 그리고 정치적 갈등으로 현재까지 계속되고 있는 것이죠.

1948년 이스라엘 건국 이후, 중동 지역의 정세는 급격히 변화했습니다. 이스라엘과 아랍 국가들 간의 갈등은 단순한 군사적 충돌을 넘어 종교적·민족적·정치적 요소가 복합적으로 얽힌 문제로 발전했습니다.

제1차 중동전쟁 이후에도, 1956년 수에즈 위기(제2차 중동전쟁), 1967년 6일 전쟁(제3차 중동전쟁), 1973년 욤 키푸르 전쟁(제4차 중동전쟁) 등 크고 작은 분쟁이 끊임없이 이어졌습니다.

이러한 전쟁들은 중동 지역의 경계와 정치 질서를 바꿔 놓았을 뿐만 아니라 이스라엘과 아랍 세계 간의 적대적 관계를 심화시켰죠.

한편 이스라엘은 건국 후 초기 수십 년간 군사적 방어를 강화하면서도 내적으로는 경제와 사회 발전에 박차를 가했습니다. 1950~1960년대 농업을 중심으로 한 경제 발전 정책을 추진했지만, 이후에는 첨단 기술과 군사 산업으로 전환하면서 빠르게 산업화와 현대화를 이뤘습니다.

전 세계 유대인 디아스포라 사회의 재정 지원과 유대인 공동체의 헌신적 노력 덕분에 가능했죠. 유대인 커뮤니티는 전 세계 각지에서 이스라엘로의 이주를 독려하고, 경제적 자원을 모아 이스라엘의 군사적·경제적 안정을 돕기 위해 적극적으로 나섰습니다.

특히 미국과 유럽의 유대인들은 이스라엘에 대한 정치적 지지와 경제적 지원을 아끼지 않았습니다. 이는 이스라엘이 초기 어려움을 극복하고 강력한 국가로 성장하는 데 중요한 기여를 했죠.

하지만 팔레스타인 문제는 이스라엘 건국 이후 여전히 갈등의 핵심으로 남아 있습니다. 팔레스타인 아랍인들은 이스라엘 건국을 자신들의 영토에 대한 침략으로 간주하고 있습니다.

1993년 오슬로 협정으로 이스라엘과 팔레스타인 해방기구가 상호 인정하고 팔레스타인 자치 정부가 수립되면서 평화의 가능성이 열렸지만, 이후에도 여러 차례의 협상 실패와 분쟁으로 실질적 평화는 이뤄지지 않았습니다.

1993년 오슬로 협정

이스라엘과 팔레스타인의 분쟁은 여전히 국제 사회의 주요 관심사 중 하나로, 이 문제는 지역적 갈등을 넘어 세계적 문제로 확대되고 있습니다.

2024년만 보더라도, 4월 이스라엘은 시리아의 다마스쿠스에 있는 이란 영사관을 공습해 이란 혁명수비대 고위 장교들을 포함한 여러 인사를 암살했습니다.

또한 7월 말 이스라엘은 이란에서 열린 대통령 취임식에 참석 중이던 하마스(팔레스타인 무장 조직)의 지도자 이스마일 하니예를 제거했습니다.

이어 9월에는 레바논 베이루트 남부에 위치한 헤즈볼라의 지하 지휘부를 공습해 하산 나스랄라를 포함한 헤즈볼라의 고위 지도자들을 암살했죠.

헤즈볼라는 이스라엘에 대항하고자 이란의 전폭적 지원 아래 창설된 시아파 무장 조직입니다. 레바논을 중심으로 활동하며 중동 지역 내 이란의 전략적 영향력 확대에 핵심 역할을 해 왔죠.

2024년 10월, 이란은 이스라엘에 대한 강력한 보복을 예고하며 약 200발의 탄도 미사일을 이스라엘 본토로 발사했습니다. 이란 혁명수비대의 주도 아래 이스라엘의 주요 군사 시설과 전략적 거점들을 집중적으로 겨냥한 것이었죠.

이 사건은 중동 지역의 긴장을 급격히 고조시키며 국제 사회의 우려를 증폭시켰습니다.

2025년에는 이스라엘과 이란 간 군사적 충돌이 격화되었는데요. 특히 6월에 이스라엘은 이란의 핵 프로그램을 차단하기 위한 비밀 정밀 타격 작전을 개시했습니다. 이란 내 핵 시설과 미사일 제조 시설을 정밀하게 겨냥한 것이었죠. 이에 이란은 다수의 탄도 미사일과 첨단 무인 드론을 활용해 이스라엘 본토에 대규모 공격을 감행했습니다.

이란의 대리 세력인 헤즈볼라와 하마스도 이스라엘 북부와 남부 국경 지역에서 로켓 및 미사일 공격을 확대하며 전선이 다방면으로 확장되었습니다.

이러한 군사적 대치는 중동 전역에 걸쳐 정치적 불안과 인도적 위기를 촉발했고 미국, 러시아, 유럽 연합 등 주요 국제 세력들은 긴장 완화를 위한 중재와 평화 회담을 시도했으나, 양측의 강경한 입장과 신뢰 부족으로 실질적 진전은 이뤄지지 못했습니다.

결과적으로 2024부터 현재까지 이어지고 있는 범이란 세력과 이스라엘 간의 충돌은 단순한 군사 충돌을 넘어 중동 지역의 지정학적 역학과 국제 안보 환경 전반에 깊은 영향을 미치는 대규모 분쟁으로 발전했습니다.

중동의 위기는 점차 고조되고 있습니다. 군사 전문가들은 제3차 세계대전이 발발할 가능성이 있는 지역 중 하나로 중동을 지목하고 있습니다.

저스티스의
한 뼘 더 깊은 세계사
: 중동 편

초판 1쇄 발행 2025년 11월 20일

지은이 | 윤경록
펴낸곳 | 믹스커피
펴낸이 | 오운영
경영총괄 | 박종명
기획편집 | 김형욱 최윤정 이광민
기획마케팅 | 문준영 박미애
디자인 | 윤지예 이영재
디지털콘텐츠 | 안태정
등록번호 | 제2018-000146호(2018년 1월 23일)
주소 | 04091 서울시 마포구 토정로 222 한국출판콘텐츠센터 319호 (신수동)
전화 | (02)719-7735   **팩스** | (02)719-7736
이메일 | onobooks2018@naver.com   **블로그** | blog.naver.com/onobooks2018

값 | 22,000원
ISBN 979-11-7043-691-1 03900